のんきに生きる

「ああ、おいしい」は生きがいになる

鈴木登紀子

GENTOSHA

はじめに

みなさん、こんにちは。日本料理研究家の登紀子ばぁばです。

現在、92歳です。そのことを言うと、「え⁉ 92歳なんですか？」とみなさん、目を瞠《みは》るのです。あまりに元気すぎるからでしょうか……。

まずは簡単に自己紹介をさせてください。私は3人の子どもを育てる専業主婦でしたが、30代後半くらいから、ご近所の方々を自宅に招いて料理教室をするようになりました。

すると、そのお教室が評判となり、46歳のときに「料理研究家」としてデビューすることに。その後、まさか40年以上にわたってNHKの「きょうの料理」に出演し続けることになるとは、夢にも思っておりませんでした。

そして当時から変わらず現在も、毎月10日間、自宅で料理教室を開いています。

生まれつき身体が丈夫だと思われることが多いのですが（それも否定はしません

が）、年相応の病気は経験しています。詳しくは本文にゆずりますが、糖尿病、大腸がん、肝臓がん、などなど。

ですが、歳をとれば、身体に何かしら出てくるものと思います。でも、そのたびに心身の健康を取り戻して仕事を続けられたのは、ひとつには根がのんきで、楽天的だから。何か起きるたびに深刻になりすぎていたら、身がもちません。「のんきに生きる」、つまり、起きたことに対してクヨクヨせず、「まあ、なんとかなるわよ」と思うことで得られるメリットは、計り知れないように思います。

そして何より、きちんとしたものを食べてきたおかげでしょう。

人間の身体をつくるのは、食べ物です。旬のもの、おいしいものを食べていると、身体だけではなく、気持ちも自然にゆったりとほぐれてきます。

おいしいものを作り、食べてもらうのは、至福であるとよく言われます。まさしく、その言葉の通りです。そして、そのしあわせは、必ず自分に戻ってきます。

「ああ、おいしい」は、生きる力になり、生きがいになるのです。

この本では、お料理についても「これだけは知っておいてほしいわよ」と思うことを厳選してお話ししております。

本書により、みなさまの気持ちが少しでもラクになり、そしてばぁばと同様、食べることがますます好きになりますことを願っております。

２０１７年４月

鈴木登紀子（ばぁば）

のんきに生きる／目次

はじめに……3

第1章　「なんとかなる」は魔法のことば

＊糖尿病のチャンピオン。だけど「おいしい」は手放せない……14
＊「くやしさ」がないと人は成長しません……17
＊これからの人生で今日が一番若い……19
＊しあわせは目の前のささやかな生活にある……21
＊ちょっとした緊張感が「いきいき」の秘訣……24
＊眠れないときの過ごし方……28

✳手と頭を使う料理は一番のボケ防止！……31
✳困難にぶつかったら気持ちを「切り替える」……34
✳本音で生きるとストレスが減る……36
✳相性のよくない人とはかかわらない……39
✳がんになっても「なんで私が!?」とは考えない……41
✳深刻な病気になっても「あら、そうなの」……44
✳病のときも小さなしあわせを見逃さない……46
✳入院中はあだ名をつけて楽しむ……50
✳入院したらよく食べて「ありがとう」も忘れずに……53
✳目標があると病気の回復も早い……55
✳「死」は「終わり」ではない……57
✳叱られると多くのことが身につく……60
✳好きなことに集中すると道はひらける……62
✳大切な人が亡くなっても引きずらない方法……64

＊悲しみは他人に見せるものではない……67
＊いくつになっても、ささやかな喜びを見つける……69
＊不調を悟らせないという思いやり……71
＊歳をとるほど「楽しい雰囲気」を心がける……73

第2章 一生涯楽しく過ごせる、とっておきの方法

＊何かを始めるのに遅すぎることはない……76
＊誰にでも何かしら得意なことがある！……78
＊嫁ぐ不安を消してくれたモダンな台所……81
＊「楽しいかい？」が転機になった……83
＊「ない」ことを嘆かず、工夫をする……85
＊情けは人のためならず。結果的に自分の糧となる……88
＊病室で肉を焼いて先生に怒られる……92

＊夫の死を乗り越えられたのは仕事のおかげ……94

第3章　人生を好転させる「生きる知恵」

＊料理上手の母のもとに生まれて……98
＊お手伝いを通して生きた知恵を身につける……100
＊「おもてなし」では最初のひとことが重要……103
＊相手の心のうちを察せられるか……105
＊「神経質」ではなく「こまやか」に振る舞う……108
＊小さな「気ばたらき」でこんなに変わる！……110
＊「台所でため息をつかないで」……112
＊「カイゼル髭」と「印旛沼のガマ」……115

第4章

「食べること」は人生そのもの

✻和食のよいところを若い世代に伝えたい……120
✻「手秤」と「目秤」が料理上手のコツ……122
✻心をこめて作る料理が何よりのごちそう……124
✻感覚を鋭くすると、料理はますます楽しくなる！……126
✻「お母さんの味」は子の人生を豊かにする……129
✻「おいしい？」と聞くのはやぼ……132
✻なんでもかんでも冷凍しない……134
✻若い頃にとったカルシウムは健康の貯金になる……136
✻食事のマナーを守ると姿も美しくなる……139
✻「おだし」は和食の基本です……141
✻新芽がめぶく「春は和えもの」……145
✻夏は見た目も食感も「いと涼しげに」……148

※収穫の秋には「実りのもの」を……150
※冬は温かいもので身も心も温めて……153
※普段の食事は一汁二菜で充分……155
※たかがおみそ汁、されどおみそ汁……157
※本当の「おいしい料理」とは……159
※簡単なようで難しい野菜の上手なゆで方……161
※「おひたし」は手間をかけるとひと味違う……163
※丁寧さと手省きを使い分ける……165
※食べられるところを捨てないで……167
※乾物は忙しい主婦のお助け食材……169
※栄養たっぷりの海藻で髪も豊かに……171
おわりに……174

装丁　ＩＳＳＨＩＫＩ
構成　篠藤ゆり
ＤＴＰ　美創

第１章

「なんとかなる」は魔法のことば

＊糖尿病のチャンピオン。だけど「おいしい」は手放せない

私はもう、90を過ぎています。充分に生きましたし、そろそろお迎えが来てもいい頃だと思います。そして最近思うことに、残された時間を楽しく過ごしたい、つまり食べたいもの、おいしいものを食べて、しあわせな気分で過ごしたい、ということがあります。それは、とてもワガママなこととわかっております。

ただそれよりも、「ああ、なんておいしいんでしょう」という感動こそが、元気の源ではないかと思うのです。

とはいえ、塩分を多くとると、ゾウさんの足のようになりますもので、塩分は控えめにしていますが、新鮮な食材を使い、素材の持ち味を大事にすれば、薄味でもおいしくいただけます。いいえ、薄味のほうがむしろ食材の風味が生きて、おいしいのです。

とくに和食は、おだしのうまみでいただくので、味つけを濃くしなくてすみます。日本の食文化は身体にやさしく、繊細で美しいこと、世界に冠たるものでありますからね。

私は今でも、お肉が大好きです。かつては、高齢者はあまり肉を食べないほうがいいと言われていましたが、最近お肉を食べると元気になると言うお年寄りが増えているようです。高齢者の健康を維持するには、良質のタンパク質は欠かせないそうです。とはいっても、さすがに大きなステーキをペロリと1枚食べることはできません。せいぜい100グラムほど。焼いて、ちょっとお酢を混ぜた大根おろしを添えて、おしょうゆを垂らしていただきます。

歳を重ねれば重ねるほど、身だしなみに気を遣うのがエチケットだと思っておりますので、週に1回は美容室で髪をセットしてもらいます。その後、ホテルのレストランでのんびりとローストビーフのランチを食べるのも、楽しみな時間。

友人と外食に出かけることもあります。先日もおいしいものを食べながらおしゃべりをしていたら、時間を忘れてしまい、家に着いたら夜の11時でした。

　娘たちに気づかれないよう、そーっと鍵を開けて、自分の部屋に忍び込む。翌日「何時に帰ってきたの？」と聞かれたので、「10時半よ」と、ちょっぴりごまかしました。とんだ不良バァさんです。

　外食する際は、たとえばうな重を食べた後にデザートとしてチョコレートサンデーまでいただくのですから、カロリーオーバーもいいところです。自慢できることではありませんが、私は糖尿病のチャンピオンです。

　ですから、節制するにこしたことはないのですが、「おいしい」と感じるしあわせを手放すことはできません。

　この先あと何食、食事をいただけるのか。そう考えると、一回、一回の食事をおろそかにはできません。

　食べることは、生きること。「食べられなくなったら、おしまいよ」と、いつも心のなかでつぶやいております。

＊

「くやしさ」がないと人は成長しません

いくつになっても、日々反省の種はあります。私の場合はやはり、料理に関することです。

たとえば料理教室のとき、ちょっと煮すぎてしまったとか、調味料の加減が思い通りにいかなかったとか、微妙なところが納得できないと、「あぁ、あれは失敗だったな」と、とてもくやしい気持ちになります。

撮影のとき、ちょっと手際が悪くても、「失敗して本当にくやしいわ」と思います。でもくやしさがないと、人は成長しません。ですから、くやしいと思うのは大事なことと思っております。

寝る前は何かしら、反省をします。ベッドに入って、「あぁ、あそこは失敗した、くやしかった」と思い出して反省し、「次は気をつけよう」と自分に言い聞かせるのです。

お料理は、体調によっても、微妙にうまくいかない場合があります。

だからといって、思い通りにいかなかったときに言い訳をしたり、何かのせいにするのは嫌いです。

生徒さんたちにお出しし、あまりよくなかったなと思うときは、

「今日はちょっと、ごめんなさいだわね」

とはっきり謝ります。そして、

「あなたたち、おうちで作るときは、ここの部分は直してね」

と、きちんと伝えるようにしています。言わないと、申し訳ないですから。

反省をし、くやしさをバネに、明日はこんなことがないようにしようと、自分に言い聞かせます。

今日よりは明日、明日よりは明後日《あさって》。この歳でも、少しずつでもいいから成長したいと思っております。

これからの人生で今日が一番若い

私はいつも、「なんとかなる」と思って生きてきました。きわめていい加減で、楽天的なのでしょう。

「なんとかならないんじゃないか」「無理かもしれない」と思ってしまうと、その時点で気持ちがくじけて、意欲もなくなってしまいます。

でも、「きっと、なんとかなるわ」と思えば、「よし、がんばろう」「なんとかしよう」と、前向きな力が湧いてきます。私の人生、それしかありません。

専業主婦だった私が、46歳のときに「料理研究家」となり、この歳まで仕事を続けられたのも、「なんとかなる」精神のおかげです。

お料理好きが高じて、ご近所の主婦の方々にお料理を教えるようになったのが、お教室の始まり。それが徐々に評判になり、雑誌などでお仕事をいただけるようになりました。

ＮＨＫの「きょうの料理」に声をかけていただいたときも、「お声をかけていただけるなんて、ありがたいわ」と前向きに考えました。

まぁ、なんとかなるだろう。もし失敗したら、そのときは分不相応だったのだと反省し、「申し訳ありませんでした」と謝って身を引けばいい。あれこれ心配せずに、とにかく普段通りの自分のまま、一所懸命やってみよう――。ただ、それだけで、ここまで来た気がしております。

チャレンジすることにおいて、年齢は関係ありません。これからの人生で、今日が一番若いのです。ですから92歳のばぁばも、「今日がいちばん若い」と思って、「なんとかなる」の精神で生きていきたいと思っております。

しあわせは目の前のささやかな生活にある

私は昔から、あまり大きな欲は持たずに生きてきました。きっと根が単純なのでしょう。毎日の生活のなかの、ほんのささいなことに、しあわせを見出してきたのです。晴れたら晴れたで、「まぁ、なんと気持ちのいい天気なんでしょう」と喜ぶし、雨がしとしと降っていると、「あら、風情があっていいわね」と感じます。紫陽花《あじさい》の季節など、とくに小糠雨《こぬかあめ》のやさしさが美しく感じられます。

最近は、朝方うぐいすの赤ちゃんが、お母さんらしいうぐいすと庭の樹にいるようで、ケチョケチョと鳴いています。来年はきっとお母さんうぐいすのように、ホーホケキョと上手に鳴くのかしら、と思って見ております。

目と鼻の先にある井の頭公園のベンチに座っていると、自然というのはいいものねと、しあわせな気持ちになります。お鍋を磨いてピカピカになると、それだけでうれしくなりますし、ありあわせの材料で献立を考えるのも楽しい時間です。

最近は、モノを大切にする心が薄くなってきているように思うことが多々あります。でも、私は戦争中のモノがない時代を経験しているので、もったいなくて、包装紙でもお菓子の箱でも、簡単に捨てることができません。

上等な包装紙があれば、切ってポチ袋や封筒などを作ります。とくに和菓子の包装紙は、捨てるにしのびない風雅《ふうが》なものがたくさんあります。

作りためたポチ袋などは、虎屋さんの羊羹《ようかん》の木箱にしまっています。40年ほども昔の、しっかりした杉の木箱ですから、とても捨てられなくて。長年使っているうちに、いい飴色《あめいろ》になってきました。

私は、「そうだ、鍋つかみを新しくしましょう」「おふきんのふちを飾ろうかしら」などと思いつき、手を動かしていると、それだけでウキウキしてきます。

生活のなかでそんな小さな喜びを見つけ、ささやかなことでも楽しみに変える才覚こそが、「幸福」ということではないでしょうか。

誰だって生きていれば、何かしら満たされない思いはあるはずです。

だからといって不平不満が先に立ったら、生きていくのがしんどいだけ。結局、自分が悲しくなります。

しあわせは、目の前のささやかな生活のなかにあるのです。それを見つけられるか、見つけられないかは、本人の才覚次第だと思っております。

＊ちょっとした緊張感が「いきいき」の秘訣

90歳になったのを機に、次女の家で一緒に暮らし始めました。娘夫婦は2階で、私は1階。食事の準備は1階のキッチンで、お夕食は必ず3人でいただきます。

私はマンション暮らしが長かったので、土がある生活は40年ぶりです。季節の移り変わりが身近に感じられる生活に、しみじみとしあわせを感じております。

春の初めには、かわいらしいメジロの姿に心癒やされ、朝は庭にやってきた山鳩《やまばと》のポッポー、ポッポーという鳴き声で目が覚めます。秋の夜、ポトリと音がしたので何かしらと思いましたら、熟れたかりんの実が落ちる音でした。

翌朝拾って玄関に置いたところ、甘い香りを放っています。ハチミツをかけておくと、果汁が染み出して、喉にいいシロップができるそうですね。来年は作ってみようと思っております。

60年以上連れ添った夫が逝ったのは、私が85歳のときでした。それから6年間はひとり暮らし。勝手気ままに、好きなことだけをやりたい放題やり、ひとり時間を楽しんでおりました。

私はワガママなので、気ままに過ごすのが好きなのです。

ひとり暮らしに不自由は感じていませんでしたが、いくつか病気もしておりますし、年齢的なこともあって、娘も心配だったのでしょう。

「一緒に住みましょう」

と言ってくれたときは、ためらわず、

「あ〜ら、うれしい。ありがたいわ」

と、ふたつ返事どころか三つ返事で答えました。

次女と暮らすようになってからも、「鈴木登紀子 日本料理教室」は、月に10日間のペースで続けています。

一般的なお料理教室とは違い、生徒さんたちが包丁を握ることはありません。私が生徒さんの目の前で調理をし、生徒さんたちはそれをいただく、というスタイルです。お教室がある日は、朝9時には助手さんが来ます。生徒さんたちが見えるのは11時。それまでに仕込みなどの準備をすませます。

11時からは、私がお話ししながらお料理を作り、みなさんに見ていただきます。できるだけ作りたてを食べていただきたいので、お料理は全部まとめてではなく、一品ずつお運びして食べていただきます。

お教室が終わるのは、午後2時頃。その間、準備の時間も含めて、ほとんど立ちっぱなしです。

終わったら、あわただしくお昼ご飯を食べて、片づけと翌日のお教室の準備。そうこうしているうちに、夜になってしまいます。

炊き込みご飯など味のついたご飯の場合は、夜11時頃に翌日分のお米を研いでおきます。ときには助手さんが、翌日の下ごしらえを何かしら忘れて帰ってしまうこともあります。

すると、どういうわけか、夜中にふっと目が覚めて、ベッドのなかで「あっ、椎茸《しいたけ》！」などと思い出すのです。

そして、起き出して納戸に干し椎茸を取りに行って、水に戻したり。そんなふうにして、10日間があっという間にすぎてしまいます。

お教室がある10日間は、規則正しい生活ですし、私なりに、ある種の緊張感を持って過ごしています。だから、何かしら忘れていることがあると、ハッと気づいて、夜中に目が覚めるのでしょう。

この歳でも元気でいられるのは、こうした緊張感があるからかもしれません。

人さまに教える以上、いい加減なことをするわけにはいきません。やはり責任感を持って、後悔しないようにしたいと思っております。

＊眠れないときの過ごし方

お教室以外にも取材などが入る日がありますし、原稿も書かなければなりません。それ以外の何もない日は、ゆっくり起きます。

朝はパンと山盛りのサラダと大好きなチーズ、娘が前夜に作りおいた野菜たっぷりのシチューや野菜スープ、果物など。時間をかけて朝食をすませると、あとはのんびり過ごします。

夜、見たいテレビがあれば、時間を気にせず、何時までも起きています。なかでもお気に入りが、日曜の夜11時にＮＨＫで放送していた「ダウントン・アビー」のシリーズです（最近、孫に頼んで、ＤＶＤを手に入れました。ばぁばの宝物のひとつです）。

イギリスの人気ドラマで、舞台は貴族の館。ストーリーにはドキドキはらはらさせられますが、美しいものに囲まれた貴族の暮らしや、貴婦人の美しいファッション、緑豊かななかに堂々とそびえたつ館などを見ていると、なんと素敵なのでしょう、と心が満たされます。

ときには明け方の4時過ぎまで、「朝まで生テレビ!」(テレビ朝日)を見ることもあります。そして昼寝をしたくなったら、横になる。そんな勝手気ままな生活です。緊張感があるときは、一所懸命、頭と身体を動かしますが、そうでないときは気ままにのんびりと。緊張がずっと続くのではなく、ゆるめる時間があるのも、生活にメリハリがついていいのかもしれません。

ゆっくりした生活が続くと、夜、眠れなくなるときもあります。でも私は、「眠れないわ、どうしましょう」などと不安に思ったりはしません。「寝だめしたのだもの、仕方ないわ。起きていましょう」と、気持ちを切り替えます。私はけっこう、切り替えが得意なのです。

寝つかれなかったからといって、別に命にかかわるわけではなし。寝られないことを気にし始めると、不安になって、ますます寝られなくなりますので、心の健康によくないように思えます。


そういえば最近、テレビでグッチ裕三さんとご一緒しましたが、収録中うつらうつらしてしまい、ディレクターさんから、

「ばぁば、あと7分我慢してください！」

と言われて、びっくりして目が覚めました。

テレビの収録中にうたた寝をしそうになるなんて、まぁ、なんと図太いのでしょう。

自分でもあきれてしまい、とても恥ずかしい限りでした。「ごめんなさい」を百万《ひゃくまん》遍《べん》言っても足りないほどで、困ったバアさんです。

＊手と頭を使う料理は一番のボケ防止！

この歳になっても、なんとか頭がしっかりしてそうに見えるのは、料理を実際に作っているからだと思います。

お料理というのは、献立を考えて材料をそろえるところから始まり、下ごしらえなどの手仕事がたくさんあります。また、これをしながらこちらの準備をしてと、複数の作業を同時にこなさなくてはいけません。

そのためには常に頭のなかで、段取りを考える必要があります。

昔は、ほうれん草や小松菜などの葉ものは、根元にたくさん泥がついていました。ですから料理を作るときは、すぐにボールに水を張り、下のほうをつけておくのです。すると、根元から土が溶けて自然に流れるので、洗うのが楽になります。

今はとてもきれいな状態で店頭に並んでいますが、私はやっぱり根元を水につけてからとりかかっております。

その作業をしながら大きな鍋に水を入れて、沸かして……といった具合に段取りをうまく組み立てると、効率よく料理を作ることができます。

ところが最近の方を見ていると、「段取り力」がない人が多いようですね。ほうれん草も、洗って、さぁ、ゆでるという段になってから、あわててお鍋を火にかけたり。きちんと頭のなかで段取りを組み立てていないから、バタついてしまうのです。

その結果、余計な時間がかかるし、あせるから料理の出来ばえも今ひとつ。しかも片づけながら料理を作ることができないから、流しのまわりが散らかってしまいます。

とはいっても、洗いものが山になるときもあります。そのときは覚悟を決め、小ぶりのもの、中くらいのもの、大きいもの、水切りのいいものに分類するなど気を配って取りかかります。

料理は段取りが大事。どうしたら効率よく、手際よくできるか。常に段取りを組み立てなくてはいけないので、頭を使います。しかも手を動かしながら頭を使うので、脳を活性化させる力があるのでしょう。

それに、料理作りには定年がないのですもの。身体が動く限り、何歳になっても続けることができます。

私の場合は、実際に料理をしていないときも、「次のお教室の料理は何にしようかしら」などと、料理について毎日あれこれ考えています。そして何日も考えて、「さぁ、これでよし」と思ったら、レシピを書きます。

お教室の献立表には、どの器を使うかも書き入れておきます。こうしておけば、助手さんが準備にあわてなくてすむからです。

日本の料理は季節感も大事ですので、器も季節に合ったものを使うのが鉄則。盛りつけた様子まで想像しながら献立を考えるのは、最高に楽しいひとときです。

そういえばこの前も大きな鱈《たら》が届いたので、夜中に出刃包丁でおろしました。夜中に白髪のおばあさんが出刃包丁を振り回していたら、泥棒もびっくり、恐れをなして逃げ出すでしょう。

そんなふうに、自分が熱中できるものを持っているのが、私にとって何よりの健康法だと思っております。

困難にぶつかったら気持ちを「切り替える」

90年以上も生きていれば、日々の小さな失敗やアクシデントまで、さまざまな困難と出会います。

でも私は何かあったとき、「どうしよう、どうしよう」とパニックになったり、あせったりすることは、なるべく避けようと思っています。

冷静になり、素早く、「どうしたらいいか」と考えます。これは、お料理でつちかった感覚かもしれません。

お料理をしていると、鍋が吹きこぼれる、調味料を入れ間違える、材料が足りないなど、さまざまなアクシデントが起きます。そういうとき、「あ〜ら、大変だわ〜!」と、大きな声がつい出てしまいます。

作り替えるための材料と時間はあるかしらと、頭のなかはグルグル、そして一瞬、オタオタします。でも、すぐに気持ちを「切り替える」のです。さて、どうしましょう、と。

私には「受け入れる」といった器用さはありません。受け入れるのではなく、切り替えて、何かしら道を探すのです。

あわてず、嘆かず、気持ちをすぐに切り替える。冷静になれば、道は必ず見つかるはずです。

本音で生きるとストレスが減る

身体が健康だと、心も健康になります。逆に心が健康だと、身体も健康になり、つまらないことを考えている暇がなくなります。

心の健康を保つには、生活のなかから喜びを見出すこと、そして、余計なストレスをためないことが大事ではないでしょうか。

そのためには、建前に縛られず、本音で生きることが必要な気がしております。

だいぶ前のことなのですが、家からそう遠くないあるお宅に夕方、用事があって、伺う機会がありました。

その途中、坂道を下っていると、木立ちの緑は美しく、花の甘い香りが漂っています。

用事をすませると、在宅でいらしたご主人が、

「先生、帰りは僕がお送りします」

と、車を出しかけました。帰り道は上り坂なので、気を遣ってくださったのでしょう。そこで私はすかさず、

「あ〜ら、とてもありがたいことですけど、素敵な日灯《ひと》し頃ですから歩きたいわ。こんな素敵な春の宵《よい》で、花の香りはいいいし、これから黄昏時《たそがれどき》を迎えるのですもの」

と、お断りしました。ご主人は、後からご家族に、

「鈴木先生は日本のおばあさんじゃないみたいだ」

と言ったそうです。

なんでもその方によると、日本のおばあさんは、「どうかお気遣いなく。けっこうでございます」とくり返して慇懃《いんぎん》に辞退なさりながらも、チョコンと車に乗る方がおられますとか。

私はお上手も言えないし、心にもないことは口に出しません。いつも本音をそのま

ま出してしまうのです。

建前で生きる器用さがなく、しかも、好き嫌いやそのときの機嫌が、すぐ顔に出てしまう。まことに勝手な、ご迷惑さまな人間です。その点はしっかり自覚していますし、身の程をわきまえているつもりです。

何ごとも無理はしないし、無理はできません。へんに遠慮すると疲れてしまうので、あまり遠慮もしません。言ってみれば、ありのまま。そういう生き方をしていると、ストレスはたまりません（先方さまにたまっているかもネ）。

ただ、お教室の準備など、こと料理に関しては、かなりの無理はします。「そうすべきだ」と心に決めているからです。

料理に関しては、私はきわめて真面目で、どんなときでも決して手を抜きません。なぜなら自分にとって、何より大事なことだからです。

それ以外のことは、かなりいい加減。それでいいのではないかと思っております。

相性のよくない人とはかかわらない

世のなか、いろんな方がおられますね。気が合う人もいれば、なんとなく合わない人もいます。人には相性があるのですから、それは仕方がないと思っております。

私は単純で、好き嫌いがはっきりしているので、相性が悪い人とはなるべくかかわらないようにしております。相手に迷惑ですもの。

昔から「魚心あれば水心あり」と言いますが、やはり相性がよくない人とご一緒しても、いずれ、ぎくしゃくしてくると思うのです。

そういうとき、私はけっこう、思いきりがいいほうかもしれません。

仕事だけではありません。知人・友人に関しても、来るものは拒まず、去るものは追わず。ご縁があればおつきあいが続くし、なんとなく疎遠になったら、それはそれだけのご縁だったと割り切っています。

相性がいい人とは、無理をしなくても、自然と仲が続くものです。忙しい方だと、お会いするのは年に数回くらいかもしれませんが、それでもなんとなく続きます。たとえ何年もお会いできなくても、地方に住んでいる方が季節の味覚を送ってくださり、こちらからも何かお礼をお送りしたり。そんな淡い交わりで何十年も続いている方もいますが、それはそれで心温まる関係である気がします。

終生の友と言える人は、ひとりおります。日常的に一緒においしいものを食べに行ったり、旅行に出かけたり。つい最近も彼女と、スコットランドに出かけました。彼女は責任ある立場でお仕事をなさっていますが、若い人を採用するとき、なぜか私と引き合わせ、意見を聞くのです。

そして、「今日の人とは相性がよさそうね」「あの人、仕事が続かないんじゃないかしら」などなど、だいたい彼女と意見が合うのです。

相性を無視して、肩肘張って人間関係で無理をしても、相手を疲れさせるだけ。そんなことを続けていたら、ストレスがたまってしまいそうですから、なるべくかかわりたくないと考えております。

がんになっても「なんで私が!?」とは考えない

歳をとると、自分の力ではどうしようもないことが増えてきます。でも私は、別にくよくよしません。だって、老いたら肉体が衰えていくのは、自然の摂理ですから。歩けなくならないようにと、踏み台を使って、日に何度か踏み台昇降をしていましたが、最近はそれもしんどくなってきたので、ちょっとさぼっています。やったほうがいいとはわかっていても、もう身体が言うことを聞かないのです。

そのかわりベッドにあおむけになり、足を上げたり下げたり、足首を上下させたり。それだって、やらないよりはマシだと思っております。

歳を重ねれば、身体に故障が起き、あれこれ病気にもかかります。私も40代の子宮筋腫から始まり、糖尿病、大腸がん、肝臓がん、心筋梗塞、といろいろな病気を経験しています。

生きていれば、人間の力ではどうしようもできないことは、いくらでもあるのが当然。病気になったからといって、嘆いたり、くよくよ落ち込んでも仕方がないと、少しわかった気がしております。

がんになったとき、「なんで私が!?」と思う人も多いようですが、私は、そんなふうに考えないことにしました。だって、もう起きてしまったのですから。「なんで私ががんになったの?」と言ったところで、何も変わりません。余計にストレスがたまるだけです。

病気になったときは、とにかくおとなしく、寝るようにします。手術や抗がん剤などの治療を受け、安静にして過ごし、病気が通り過ぎるのをじっと待つ。「まぁ、なるようにしかならないし……」とのんきに構えておりました。

不思議なことに、私は病気になっても回復が早いのです。くよくよせず、のんきに構えているから免疫力が高いのかしらと、勝手に自分を元気づけております。

いつもくよくよし、「病気がつらい」「なんでこんな目にあうんだろう」などと愚痴をこぼしていると、まわりの人も気が滅入ってきます。

歳を重ねると、外出も大変になってきます。わざわざ足を運んでまで会いに来たいと思ってくれる人がいることは、老いてからの大きな財産。そのためにも、あまりくよくよせず、明るくのんきに暮らしたいと思っております。

深刻な病気になっても「あら、そうなの」

元来丈夫なたちで、大病とは無縁だった私も、子宮筋腫、糖尿病、大腸がん、肝臓がん、心筋梗塞と、名前を聞くとかなり深刻な病気に見舞われてきました。

糖尿病に関しては、とにかく食べるのが大好きで、食事制限なんて考えてこなかった自分の無鉄砲さが原因です。それは、自分でもよく自覚しております。薬も飲んでいますし、インシュリンの注射もしていますが、それでもおいしいものを諦められないのですから、どうしようもありません。

大腸がんが見つかったのは、87歳のときです。がんだと告知されても、「あら、そうですか」くらいで、ぜんぜんショックではありませんでした。それは無知のゆえかもしれません。

腹腔鏡手術でしたので、開腹手術みたいには身体に負担がありませんし、術後の痛さもありません。麻酔から覚めたら終わっていて、あっという間でした。

再発したらどうしようという恐怖心も、まったくありませんでした。人間、いつなんどき病気になるかわからないし、病気がやってきたら、あらがってもしようがない。「病気を受け入れる」といった大袈裟《おおげさ》なことでもなく、私はいつだって、「あら、そうなの」くらいの気持ちでおります。

お医者さまとも、あまり長々と話しません。見ていると、高齢の女性はとくに、くどくどと先生にいろいろ訴えて、話が長い場合が多いようです。

でも先生は、大勢の患者さんを抱えている身。あまり時間を奪うのも、お気の毒です。

私の場合、信頼できるお医者さまと出会ったら、すべてお任せして、まな板の上のナニかになるのです。

今まで幸いなことに、すばらしい先生方に恵まれてきました。まさしく、「医は仁術なり」の感でした。

病のときも小さなしあわせを見逃さない

肝臓がんが見つかったのは89歳のとき。その半年前に精密検査を受けた際には何もなかったのに、半年後の検診で、小さながんがいくつもできているのが見つかったのです。

そこで太もものつけ根からカテーテルを入れて、肝臓のがん細胞を狙い撃ちする治療を受けました。

また数カ月すると、新しいがんが生まれるので、3カ月に一度くらい入院し、同じ治療を受けます。

麻酔で眠っている間に終わってしまうので、別に痛くもないし、それほど長い入院でもなくてすみます。

ただ、経口の抗がん剤は、飲むと気持ち悪くなるので、先生にお願いして、調整していただきました。

不思議なことに、何度か治療をくり返しましたら、がん細胞が現れなくなり、今はきれいな状態です。珍しいことらしく、先生も首をひねっています。


肝臓がんの治療で、何回目かの入院をしたときのこと。ある朝、病室でしゃがんでものをとろうとしたら、急に呼吸が苦しくなりました。それはもう、肩で息をする状態。これはもうダメだと思い、

「早く先生呼んでくださ〜い！　困ります〜。このままでは逝かれませ〜ん」

と大声で叫び、次の瞬間、目の前が真っ暗になりました。そのとき私は、自分はもう死んだものと思いました。


目が覚めたのは夕方で、すでに緊急手術が終わっていました。集中治療室のベッドのまわりには、3人の子どもたちと、その家族が来てくれていました。

先生の説明によると、心臓をとりまく大きな3本の血管のうち1本が詰まっており、

心筋梗塞を起こしたとのこと。そこに血管を広げるためのステントというものを入れた、とのことでした。

家でひとりのときに倒れていたら、間に合わなかったかもしれません。本当に私は運が強いと思いました。

「きれいなお花畑は見なかったわよ」

と後で娘たちに言いましたら、

「きっと、その手前だったのよ」

と言われました。

そうそう、このステントという言葉をなかなか覚えられなくて、一日に何度も娘たちに「アレ、なんて言うんだっけ?」と聞いていました。そして、あるとき「ステンドグラス」と覚えればいいんだわ!　とひらめいたのです。

それ以来、ステントという言葉を使いたいときには、あの鮮やかな色模様が頭に浮かび、そのときにキリストとマリアさまも想像し、「ステント」と言えるようになったのです。

また集中治療室では、お隣のベッドにたぶん音楽家の一族と思われる方がいらして、ご家族のみなさんが集まって、病人を慰めようと小さな声で、アカペラで合唱なさっていました。

それが本当に素敵で、うるわしくて、私はたくさんの管につながれながら、幸をいただきました。

弱っているときでも、病気で苦しいときでも、私はそうやって何かしら小さなしあわせを見つけます。その才能がある限り、何が起きようと、それほどつらくはない気がしております。

入院中はあだ名をつけて楽しむ

心筋梗塞で入院中、どういうわけか夕方になると若いお医者さまが3人連れだって、「いかがですか?」と様子を見に来てくださいました。

ひとりは背が高いアメリカ帰りの青年で、黒ぶちの眼鏡をかけています。もうひとりは小柄でおしゃれさん、なぜかいつも蝶《ちょう》ネクタイをつけています。もうひとりは名札を見たら「太郎」というお名前。私はそれぞれ、「ロイド眼鏡」「蝶ネクタイ」「太郎ちゃん」と呼ぶようになりました。

「あなたたち、5人だったら『ヨ～、白波五人男《しらなみごにんおとこ》』と呼べるけれど、3人だから『ヨ～、三人男』だわ」

と冗談を言ったところ、ロイド眼鏡さんが蝶ネクタイさんに「ソレナニ、ナニ?」と小声で聞いています。すると蝶ネクタイさんが「カブキ、カブキ」と教えている。

そんな様子を見ているだけで、なんとなくおもしろくなります。

お医者さまや看護師さんにあだ名をつけるのも、入院中の楽しみのひとつです。

採血をする看護師さんは「吸血鬼」、ちょっと感じの悪い看護師さんは「魔女」。採血に来た看護師さんに、

「あら、吸血鬼が来たわ！」

などと言うのですから、憎たらしいバァさんです。

病室に回診にいらした先生から、

「いかがですか？」

と聞かれたら、

「おかげさまで〜す」

と元気に答えます。すると不思議なことに気持ちがしゃんとしてきて、本当に元気になってくるのです。


病気や入院は、誰にとっても決して楽しいことではありません。だからといって、

つらいつらいと嘆き、「なんで自分はこんな目にあうんだろう」などと考えていたら、ますます気持ちが落ち込んでいきます。

その結果、免疫力も下がってしまうようでは、つまりません。

私はなんでもいいからおもしろいと思えることを探して、入院生活を楽しむようになりました。要は、のんきで能天気なのでしょう。

でも、のんきにしていると自分が楽なだけではなく、まわりも楽なのではないでしょうか。お見舞いに来る人の心の負担も軽くなり、楽しく会話が弾みます。

「なんてのんきなおバカさん」と思われているかもしれませんが、何かしら楽しみを見つけると、免疫力が上がるせいか、回復も早いように感じております。

結局はそのほうが、自分のためにもなるようです。

入院したらよく食べて「ありがとう」も忘れずに

初めて手術をしたのは40代後半。そのときは子宮筋腫でしたが、麻酔から覚めてすぐに、食欲がむくむくと湧いてきました。

病院食は重湯から始まり、おかゆ、普通食と進んでいくのですが、それではどうにも物足りない。娘が結婚した際のお仲人さんが「赤トンボ」の素敵なサンドイッチを持ってきてくださったのを、座って目の前でパクパクいただきました。

お仲人さんは、知り合いのみなさんに「登紀子さんは、厚紙をはぐように、よくおなりでいらっしゃいます」と報告したそうです。薄紙ではなく、厚紙。言い得て妙ですね。

身体を回復させるためには、とにかく食べないと。もちろん、できればおいしいものをいただきたいのですが、たとえ病院食がおいしくなかったとしても、私は出されたものは文句を言わずに全部食べます。なぜなら、元気になるには食べるのが一番だからです。

看護師さんに「ありがとう」「悪いわね」と感謝の言葉を述べることも大切です。特に病気のときは、接する相手にその気持ちを伝えることは大切なことです。不平不満ばかり言っていたら、看護師さんたちから苦手がられてしまいます。それでも仕事ですから、きちんとケアはしてくださるでしょうけれど、いいコミュニケーションも生まれないし、だいいち入院生活が楽しくなくなります。

たまには礼儀がなっていない看護師さんもいますが、そこはぐっと我慢。こちらは動けないのですから、やはり腰は低くすべきでしょう。

看護師さんが患者のケアをするのは当然だけれど、患者側が「ありがとう」を言うのも当然。それが、人としてのマナーだと思います。

もし、どうしても我慢ができないことがあれば、婦長さんにそっとお話しするといいでしょう。

目標があると病気の回復も早い

そんなわけでいくつもの病気を経験し、何度も入院しましたが、お料理教室を休んだのは、生涯でただ一度。それ以外は休んでいません。お教室に合わせて、「先生、私、退院したいの。帰らなくてはいけないの」と言い張り、当初の予定より早く退院してしまうのです。先生もあきれ顔をしていますが、病状が許す限り、認めてくださいます。

もしかしたら、帰ってお教室をやりたいという気持ちがあるから、回復が早いのかもしれません。月に一度のお教室を、せっかくみなさん、楽しみにしてくださっているのです。なかには新幹線や飛行機に乗って、遠方から来てくださる生徒さんもいます。ですから、休んだら申し訳ない。なんとか生徒さんたちと楽しい時間をもちたいのです。

それに加えて、一日でも早く退院して、おいしいものを存分に食べたいという思いも、回復を助けてくれているのかもしれません。やはり病院食では、なかなか満足できません。ベッドであおむけになりながら、退院したらあれを食べよう、これも食べようとずっと考えているのですから、とんだ〝いやしんぼう〟です。

私は長年、糖尿病を患っているので、お教室の最中に血糖値が下がって、ふらっとくることもありました。そんなときは「みなさん、ちょっと待っててね。今チョコレートを食べるわよ。血糖値が下がってきたらしいから」とか、「今飲んでくるからね、ヤクを」などと言います。でも、対処が上手になりましたので、今はそんなこともなくなりました。

私は体調を隠すこともなければ、大袈裟につらそうにもしません。生徒さんたちが楽しい気分でいられるよう、ちょっぴりユーモアを交えて対処します。

やりたいことや生きがいを見つけるのは、心も身体もすこやかに生きるために大事なこと。もうすぐ93歳を迎える今、つくづくそう感じております。

＊「死」は「終わり」ではない

心筋梗塞になったときは、目の前が真っ暗になって気を失い、目が覚めたら生きていました。その間の記憶は、まったくありません。

死というのは、この「何もない」状態がずっと続くことなんだろうな、と思いました。

よく、臨死体験をした方から、お花畑が見えたという話を聞きます。私の場合、そんなこともありませんでした。

私は、死んだらそれまで。「ジ・エンド」だと思っています。別にそれを悲しいとも、寂しいとも思いません。

もっと言えば、死ぬのはちっとも怖くありません。もう、この歳なのです。いつお迎えが来ても、おかしくありません。

一方で、本人にとっては「ジ・エンド」であっても、残された人が思い出してくれる限り、その間は決して「終わり」ではないとも感じています。

母が亡くなった後、7、8年は、いつも心に母の姿がありました。

そして、今度は夫が亡くなり、夫の姿がいつも心に宿るようになりました。

そういえば夫の生前、私が、

「神さま仏さまってよく言うけれど、私はなんだかよくわからないんだけど……」

と言ったところ、

「ふ〜ん。それで、どう思ってるの？」

と反対に問い返されました。

「実際に見ることもできないけど、心のなかにあるように思えるの」

と答えたら、夫は静かにこう言いました。

「それでいいんじゃないのかい」

今になると、夫の言っていた意味がよくわかります。夫が心のなかで生きてくれているから、私は「あぁ、しあわせだな」と思うし、寂しくもありません。

たとえ目に見えないものであっても、実際にこの世には存在しなくても、心のうちにあれば、それは「ある」のです。

＊ 叱られると多くのことが身につく

正直言うと、私は小さい頃、母にしょっちゅう叱られていました。それだけ、できが悪い子どもだったのでしょう。

姉がふたりいましたが、娘3人のなかで、私が一番怒られていました。

後になって振り返ると、私がおてんばだったので、きちんと教育しないと将来、本人が困るだろうと心配していたのだと思います。なにせスケートやバスケットボールに熱中して、年中、飛びまわっていましたから。

生活全般についてあれこれ細かく叱られましたが、昔の子どもですから、親から何か言われた際には、神妙に聞きます。おかげでさまざまな教えが身体に染み込み、生きた知恵となったのです。

今でも耳にしっかりと残っているのが、「おめゃさん」という母の声。「おめゃさん」と言われると、「あっ、来たな」と思います。

「おめゃさん」に続く言葉はいろいろありますが、よく言われたのが「おめゃさんの分にすぎる」。私が、「あれがほしい」「これがほしい」などと言うと、黙って聞いていて、最後に「おめゃさんの分にすぎる」。これを言われたら、諦めるしかありません。

縁あって夫と結婚したときも、紳士的な夫の人格に心底ほれ込んだ母は、「おめゃさんには、すぎたお人だ」と言っておりました。ですから私は、精いっぱい尽くさなくては申し訳ない、生涯この人を大事にしようと心に決めたのです。

そういえば平成24年に日本放送協会の放送文化賞をいただいた際、壇上でご挨拶をすることになりました。大きなホールにお客さまが大勢いらして、ちょっと緊張しましたが、最後は「もし母が生きていたら、今回の賞のことを『おめゃさんの分にすぎます』と言ったでしょう。そんな母の声が聞こえてくる気がします」としめくくりました。本当にそんな気がしたのです。

やっぱり子どもの頃に親から言われたことは、心にも染みて残るものと感じております。

＊好きなことに集中すると道はひらける

最近の人はよく、「自分の可能性」とか「自分らしさを大事にしたい」などと言いますね。私はそんな言葉、使ったことがありません。私ごときが、「自分らしく」なんて言える分際じゃない。そう思っているからです。

とにかくいつも、素のまんま。本当に情けないけれど、そのままの私でいることしかできません。ですから、みなさんにはご迷惑をおかけしていると思っております。

誰に対してもとりつくろうことはしませんし、何ごとに対しても、とくに気負うこともなければ、背伸びもしません。

かといって「どうせ私なんか……」と卑下もしません。

みなさん「ばぁばはマメですね」と言ってくださいますが、決してそんなことはありません。むしろナマケモノだと思っています。ワガママで気ままだから、好きなことしかしていないのです。

そのかわり、好きなことには全身全霊で取り組み、決して手抜きはしません。私にとって、お料理がその「好きなこと」だったのです。


みなさんそれぞれ、何かしら得意なこと、好きなことがあるはずです。これは苦手でも、これなら私にもできる。そういうものを見つけて、楽しみながら気負わず打ち込んでいけば、わざわざ「自分らしさ」なんて言わなくても、その人らしい生き方ができるのではないでしょうか。

私の場合、好きなことができたのは、元気だったから。「その元気の源はどこにありますか?」とよく聞かれますが、さしたる特別なことは何もありません。

たまたま親からもらった身体が丈夫だったのと、好きなことを一所懸命やってきたから。

「なんとかなる」「なんとかしよう」と信じて、ただ目の前のことを一所懸命やる。その繰り返しで、この歳まで来たように思っております。

大切な人が亡くなっても引きずらない方法

夫が亡くなった後、私は生まれて初めてひとり暮らしを経験しました。

いろいろな方から、「この歳になって急にひとり暮らしをするのは、さぞかしお寂しいでしょう」と言われましたが、私はちっとも寂しくありませんでした。

お教室や雑誌、テレビの仕事があり、毎日忙しかったのもよかったのでしょう。

夫も91歳でしたし、いわば大往生。ですから悔いもありませんし、突然ひとりになったからといって、悲しみをいつまでも引きずってなんかいられません。

それに長く生きてきた分、私の心のなかには、しあわせな記憶がたくさん積み重なっています。ひとりの時間のときに、それを思い出して味わっているだけで、幸福な気持ちになるのです。

夫が70を過ぎてから、私たちは11年連続で、毎年6月に3週間弱、スイス旅行に出かけました。

美しい国で、夫婦ふたりで素敵な時間を過ごすことができたことは、私にとって人生で最高の贈り物でした。

毎年同じホテルに滞在していたので、ホテルの人たちも私たちの顔を覚えてくれていて。まず、チューリッヒのホテル サボイで2泊してから、インターラーケンに向かいます。ここではユングフラウヨッホの美しい山々が見えるお部屋に毎回滞在しておりました。


仕事を終え、夜ひとりでソファに座っていると、スイスの風景が頭のなかにわーっと広がります。

真っ青の空や、雪をいただいたアルプスの連なり、トレッキングする人たちの姿、ホテルのドアマンの笑顔——スイスの旅を思い出すのは、何ごとにも代えがたい豊かな時間です。

誰に話すわけでもなく、写真を見返すわけでもなし。ただ、頭のなかに、絵巻物のようにスイスでの思い出が映し出されます。そして、夫とスイスに行けて、本当にしあわせだったと改めて思うのです。

身内や親しい人が亡くなれば、悲しいに決まっています。ですから、楽しかったことを思い出して、明るい気持ちになった方がいいと思います。

足腰が弱って遠くまで行けなくなっても、伴侶に先立たれてひとりになっても、美しい思い出は消えません。

いやなこと、考えてもどうにもならないことはきれいサッパリ忘れて、いい思い出だけを大事にしていれば、人はしあわせでいられる気がします。

この先、頭がぼんやりしてきたら忘れてしまうかもしれませんが、きっと私は最期まで、スイス旅行のことを思い続けるでしょう。

夫は本当に、上手なお金の使い方をしてくれたと感謝しております。

＊悲しみは他人に見せるものではない

個人的な悩みや悲しみごとと、仕事が重なったら、私は仕事を優先させてきました。なぜなら、仕事は相手のあることだから。いろいろ準備を重ねて私を迎えてくださるのですから、自分のことでご迷惑をおかけしてしまうのは、責任を放棄することにもなります。いったん引き受けたからには、よほどのことがない限り、まっとうする。それが、仕事をするうえで大切な心構えだと私は考えています。

夫のお葬式の翌日も、前々から仕事が決まっていたので、予定通り、地方に出かけました。お断りしてしまうと、その日のために準備をし、段取りを組んでくださった方に大きな迷惑をかけてしまうからです。

夫の死は、あくまで個人的なできごとです。ですから行った先では、夫の死についてては黙っていようと心に決めました。仕事先で身内が亡くなったなんて言えないし、言うべきでもない。相手に心配をかけて、余計な心の負担を強いることになります。悲しみを胸にたたき込んで、私は「無」に徹して、仕事をこなしました。

地方から帰って、すぐに長女が、

「パパ、出なかった？」

と聞くので、

「出たわよ」

と答えました。ホテルで眠っておりましたら、私のそばから夫がすーっと離れていった気配がして、立っておりました。でも、ちっとも怖くありませんでした。むしろ「あらぁ、一緒に来てくれたのね」とうれしく思いました。私を心配し、仕事を応援して見守ってくれているのだ、と。そして「パパ、すぐに仕事に出かけちゃってごめんなさいね」と謝りました。

娘もなんとなく、そういうことがあるんじゃないかと思っていたのでしょう。

私たちにとっては不思議なことではありませんでしたが、これまで、よそさまにお話ししたことはありませんでした。

＊いくつになっても、ささやかな喜びを見つける

夫の死後、一度だけ海外旅行に出かけました。行き先はスコットランド。気が置けなくて、なんでも話せる友人との旅です。

どこまでも続く丘、なだらかな緑の草原に、ころころ、もこもことした白い羊がいっぱい。日本とはまったく違う風景で、まるで夢のようでした。はるか彼方まで広がる牧草地の美しさは目を瞠るものがあります。

不思議なのは、どこに行っても、羊小屋がないことです。いったいこの子たちは、夜どこに寝ているのでしょう。

気になってガイドさんに聞いたら、小屋はないとのことでした。なんでも、どんなに雨が降ろうが、雪が降ろうが、みんなで固まって外で夜を過ごすそうです。だから、あれだけ暖かくて強く、質のいい羊毛が採れるのかもしれません。

そんなふうに、何か疑問に思ったら、私はすぐにその場で人に聞きます。そして、あぁ、なるほどと納得するのです。すると、風景とエピソードが一体となって、より鮮やかな思い出になります。

実際、今でも上等なウールのセーターを着ると、草原の緑と羊の白の美しいコントラストがパーッと頭に浮かび、「あの子たちは外で寝ているのね」と、旅のあれこれを思い出して楽しくなります。

その旅行では、イングランド北部の湖水地方にあるピーターラビットの作者、ビアトリクス・ポターの家も訪れました。湖水地帯の美しい風景を目の当たりにして、こういうところからあの物語が生まれてくるんだわと、しみじみ思いました。それにもまして、彼女の並々ならぬ才能に感服しきりです。

さすがに90を過ぎると、身体にあちこち不具合も出てくるので、海外旅行も難しくなってきました。70代で、行けるときにちょっと無理してでも行っておいて、本当によかったと思っております。

不調を悟らせないという思いやり

私は声も大きいし、笑うときは大声で笑うので、よほど元気でほがらかな人間だと思われているようです。

実際、身体は丈夫なほうですし、性格的にほがらかな面もあるかと思います。でも実は、心がけてそうしている部分もあります。

電話に出るときは、ちょっとくらい具合が悪くても、いつも通り元気な声を出すことにしています。なぜなら弱々しい声を出すと、相手に心配をかけてしまうからです。それに暗い声を出されると、聞く方だって気持ちが沈むはずです。

私は人に、そういう思いをさせたくありません。ですから、へたり込みそうなときでも、電話は元気に出ます。それが、人と人とのおつきあいの礼儀だと考えています。

重い病気で本当に具合が悪いときは、電話には出ません。相手に余計な気遣いをさせたくないからです。

電話をかけると、いつも地の底から湧いてきたような寝ぼけ声で出る人もいます。「あなた、寝てた?」と聞くと、「いやぁ」とか「あのぉ」とか、もぞもぞ、うにゃうにゃ。いっそ「寝てましたッ!」とでも言ってくれたほうが、よほどすっきりします。


他人に対する気遣いや礼儀は、母から教えられたものです。

人間関係とひとくちにいっても、さまざまなお相手がおり、関係性も違えば、距離感もそれぞれ異なります。ですから、対処の仕方もひと通りではありません。

ただ、基本となるのは、相手に失礼がないように。相手が聞いて負担になることは、言わない。家のなかのことはむやみに他人に話さない。この3点については、かなり厳しくしつけられました。

小さい頃に母に教わったこうした人間関係の基本は、私の生き方の基礎になっております。

歳をとるほど「楽しい雰囲気」を心がける

よくみなさまから、「ばぁばはユーモアがある」と言われます。自分ではそこのところはよくわからないのですが、カチカチの対応ではお相手の方は楽しくないし、できるだけ楽しくしていただきましょう、という思いはあります。

意識しているというより、なんとはなしに、そうなってしまうのです。これもある意味、人さまへの気遣いかもしれません。

せっかく時間を共有しているのに、おもしろくない思いでお帰りいただくのは申し訳ないし、残念です。そうならないように、楽しくしましょうと考えているのです。

人は老いると、あちこち身体の不具合が出てきます。ですから、つい「ここがつらい」「あそこが具合悪い」と愚痴をこぼしたくなるらしいのです。

でも聞かされたほうは、ちっとも楽しくありません。しかも「それは大変ですね」「おつらいでしょうね」などと、いろいろ気を遣わなくてはいけません。

何の意味があって、せっかく一緒に過ごしている方に、そんな思いをさせるのでしょう。

老いたらなおさらのこと、楽しい雰囲気を心がける。それが、歳を重ねた人間のマナーだと思います。

私は人と一緒にいるときは、どんな状況であろうと、「楽しい場」にしたいと思っております。おいしいものを食べたら、誰だって楽しくなり、しあわせな気分になります。そして一緒においしいものを食べている自分も、楽しくなります。

おいしいものは場を楽しくし、人と人がいい関係になる潤滑油。だからこそ「おいしい」は、人生にとって大切なのです。

第２章

一生涯楽しく過ごせる、とっておきの方法

何かを始めるのに遅すぎることはない

この歳になって振り返ってみると、40代、50代というのは、まだまだ元気いっぱいの年代でした。それなりに人生経験も積んでいるし、しかもまだ体力も気力もある。女性の場合、子どもがいたら、子育ても一段落する年代です。何か新しいことを始めるのに、これほどいい時期はありません。

女性はとかく年齢を気にしがちで、40代、50代でも「もうこの歳だし」と思う方もいるようですが、90を過ぎた私からしてみれば、「若いのに何を言っているの」という感じです。40代、50代で何か好きなものを見つけて、打ち込むと、生涯にわたって生きがいになります。ですから、40代、50代を無駄にしてほしくないと思います。

私の場合、もともと料理は好きでしたが、本格的に「料理研究家」として雑誌やテレビの仕事を始めたのは40代になってからです。

好きだからこそ没頭もできたし、この歳まで続けられたのでしょう。

最近は、ずいぶん若くて世に出る料理研究家もいるようですが、私はもともと野心もなければ、あせったこともありませんでした。とくに子どもが小さい頃は、子育てを何よりも優先したかったし、自分のことで家族に迷惑をかけたくなかったのです。

好きなことをするには、いちいち宣言する必要もありません。「これをしなさい」と人から強要されるわけでもないので、気楽です。その気楽さが、いいんじゃないでしょうか。

なかにはお友だちに誘われて何か習い事を始めて、自分に合わなくても、お友達に気を遣ってやめにくい、という人もいるようです。

でもお金を払ってまで自分に合わないことをする必要はないし、ストレスになります。そういう場合は、「ごめんなさい、私どうもこれは自分には合っていないみたいなの」と、正直に言ったほうがいいと思います。

何かを始めるのに、遅すぎるということはありません。好きなものを見つけて、コツコツ続けていたら、何かしら生きがいにつながると私は信じております。

誰にでも何かしら得意なことがある！

人には得手不得手があります。不得手なことをいくら一所懸命やっても、仕事にするところまではいかないでしょう。

もちろん仕事にするつもりはなく、それが生きがいになるのなら、多少苦手なことでも続けるのはいいことだと思います。ただ、人から評価してもらえるほうが、やはり長続きします。

なぜなら、「認めてもらえる」というのは、生きる喜びになるからです。

あるとき、次女が、隅にワンポイントのかわいい刺繍《ししゅう》がしてある、さらしのおふきんを使っていました。「あら、それ素敵ね。どうしたの？」と聞いたら、刺繍が得意なお友達からいただいたとのこと。さっそくその方とお会いして、

「あなた、刺繍がとても上手ね。素敵だから、おつかいものにしたいわ」

とお願いしました。

図柄はナイフやフォークやコーヒーメーカーなど、キッチンで使うもの。ですから、お料理好きの方に差し上げるのにちょうどいいのです。

いただいたほうも、刺繍がしてあると、大事に使います。しかも目の細かい本格的な刺繍だから、洗濯しても崩れません。たくさん作っていただき、ラッピングまでしてもらい、まとめてお買い上げしてストックしています。

たぶんその方は、私がおつかいものにしていることが、励みになっていると思います。そして、デザインなども、さらに工夫しているのではないでしょうか。

誰にでも何かしら、その人に向いているもの、得意なものがあると思います。得意なものは人からも評価してもらえるし、自分の生きがいにもなります。

40代、50代は、それを見極めるのに、とてもいい時期なのです。

私の場合、自分の「得手」である料理を一所懸命やってきたからこそ、今があります。でも若い頃は、自分の得手が何なのか、気づきませんでした。

私には姉がふたりいますが、長女はお裁縫が得意で、次女はお勉強が得意。私はそのどちらもダメでした。女学校の成績も、体操と家事が甲・乙・丙の甲で、それ以外はほとんど丙。お作法も丙。とにかくおてんば娘で、お行儀が悪いのです。

ただ料理だけは小さい頃から母の手伝いをし、母のやることをじっと見ていました。食べることや料理に、興味があったのです。

だからといって、それが「得手」だとは、思ってもいませんでした。最初は、ただ母がやっていたことを、見よう見まねでやってきて、という感じです。

では、どのようにして料理が「得手」であることに気づき、料理を仕事にするようになったのか。話は、東京に嫁いだ22歳のときにさかのぼります。

嫁ぐ不安を消してくれたモダンな台所

私が生まれ育ったのは、青森県の八戸《はちのへ》です。そこから縁あって東京で結婚生活を送るようになったのが、昭和21年。まだ戦後間もない頃で交通も混乱しており、八戸から列車に乗ろうとしても、満杯で出入り口から乗り込むことができませんでした。

私はみんなに身体を持ち上げてもらい、車内の洗面所の窓に上半身を入れ、なかから引っ張ってもらいました。夫たちも迎えには来ていましたが、同じ車両に乗ることができない状態。私は洗面所に立ちどおしでした。

東京までは確か、14時間くらいかかったと思います。ようやく列車が日暮里駅に到着すると、夫はいったんホームに降りて、私のところに来てくれました。

でも私は「日の暮れる里」という駅の文字を見たとたん、寂しくなって、うちに帰りたいと、べそをかいてしまいました。

その記憶がしっかり残っているせいでしょう。今でも日暮里は好きになれないのです。

夫の家がある大森に着くと、あたり一面焼け野原。駅前には延々と闇市が続いており、その向こうの高台に、焼け残った赤いとんがり屋根の家が見えました。そこが夫の長姉の家でした。夫は復員軍人で、台北からの引き揚げ者でもありました。

着いてびっくりしたのが、お台所。真ん中に調理台があり、流しには銅《あか》が張ってあり、戸棚は作りつけ。プロパンガスのガス台もあります。

実家の台所は黒光りした板の間で、かまどに薪《まき》。まるで別世界で、なんだかおとぎ話の世界のようです。

これからは、こんなモダンで素敵な台所でお料理ができる。そう思うとわくわくし、日暮里で感じた寂しさがようやくやわらぎました。

「楽しいかい？」が転機になった

夫の父は台湾で仕事をしておりましたので、夫は父の赴任先の台北で生まれ育ちました。ですから舅《しゅうと》・姑《しゅうとめ》とは同居しませんでした。

義母《はは》の名前は「おこよさん」。そして私の母は「お千代さん」。夫とはお互いに、「おこよさんはどんな方だったの？」「お千代さんは？」などと、お互いの母のことを話したものでした。大森の家にいらした義姉《ぎし》は、夫とは20歳くらい離れており、ぜんそく持ちで、家で療養生活を送っていました。

私はまだ20歳をすぎたばかり。東北の田舎から出てきて東京のことは何も知らないし、生まれ育った家とは生活習慣もまるで違います。ですから義姉の言うことは何でも「ハイ」と聞き、言われた通りにしました。

結婚して初めて迎えるお正月を前に、私が何時間もかけていそいそとおせち料理の準備をしていると、夫が「楽しいかい？」と声をかけてきました。

私はすぐに「楽しいわよぉ」と返事をしましたが、内心、「あぁ、私は料理をするとき、そんなに楽しそうなんだ」と、ちょっとびっくりしました。

私は子どもの頃から身体を動かすことが大好きで、飛びまわるようにして遊んでいましたが、そういえば母の料理を手伝うのは、ちっともいやではありませんでした。そして、早くもっといろいろなことを自分でやれるようになりたいと思ったものです。

たとえば、はんぺん作り。母は白身魚のすり身をお茶碗《ちゃわん》のふたのへりですり切って細長い半月型の椀だねにして、お湯に落としていました。それを見ながら、「わぁ、おもしろそう。早く私にもやらせてほしい」と思ったものです。

私は料理が好きなのね。「楽しいかい？」という夫のそのひとことが、私にそう気づかせてくれました。やはり人間、好きなことは苦にならないんだわと今にして思うことのひとつです。おままごとみたいなかわいらしい台所で料理をするのは、楽しい時間。食後の片づけをすませ、何かやり残したことはないかと確かめて、電気のスイッチをパチンと切る瞬間。なんとはなしに充実した気持ちになったものです。

「ない」ことを嘆かず、工夫をする

結婚当初は、食材をいかに調達するかが大問題でした。田舎でのんびり育った身としては、生き馬の目を抜くような闇市で買い物をするのは、生半可なことではありません。お米も配給でしたので、充分には手に入りません。

夫のお弁当は、さつまいもを入れて炊いたご飯だったり。あの時代、誰もが我慢するしかなかったのです。

でも食材がないなりに、そのなかでどうやって工夫しようかと考えるのは、決して苦痛ではありませんでした。むしろ、ここぞ工夫のしどころ、腕の見せどころだと、やりがいを感じていました。

そんな生活のなかで心待ちにしていたのが、母からの毎月の差し入れです。

母は東京の食糧事情の悪さを心配して、月に一度、木製のりんご箱に食糧を詰めて送ってくれました。開けると、じゃがいもや干し椎茸などの乾物、お米が詰まっています。

鰈《かれい》の干したものも、よく入っていました。頭とはらわたを取り、編んだ縄に尻尾を通して、何尾か連ねてあるのです。手紙に「すぐに干し直しなさい」と書いてあるので、洗濯物の隣に干したりしたものです。

母からのりんご箱は、実際に生活に役立つだけではなく、懐かしい故郷の味や母の愛情を感じさせてくれるものでした。

それが、どれほど嬉しかったか——。毎月のりんご箱は、母が生きている間中、届きました。

闇市で手に入れたものや、母からの差し入れなど、限られた材料でできるだけおいしいものを夫や義姉に食べてもらうためにはどうしたらいいか。子どもの頃、母のそばで覚えた料理の知恵をあれこれ頭の引き出しから出しては、工夫して食卓に並べました。

やがて食糧事情もよくなり、さまざまな食材が手に入るようになり、料理の楽しさがさらに広がっていきました。

義姉は洋食が得意でしたので、魚をバターで焼くムニエルなど、その頃にしてはずいぶんハイカラな料理を教えてくれました。

後になって義姉から、「かわいい義妹だった」と言われて、本当に心嬉しく思いました。

目上の人から言われたことは、何はさておき聞くこと。小さい頃からそう厳しくしつけられたおかげで、義理の仲の姉とも波風が立つこともなく、いい関係でいられたのだと思っております。

情けは人のためならず。結果的に自分の糧となる

長女の小学校入学直前に、大田区の多摩川の近くに家を買って転居しました。

子どもたちは遊び盛り。垣根を越えて、1軒おいてお隣の家の庭に入っては、走りまわっていました。

そちらには、いつも昼間ひとりで座っているおばあちゃまがいらっしゃいました。後からわかったのですが、その方は関節リウマチを患っており、50代の頃からほとんど動くことができなかったのです。

ご主人とお子さんが4人いらしたのですが、昼間はそれぞれ仕事に出かけており、おばあちゃまはおひとり。うちの息子が庭で遊んでいると、ときどき「坊や、ちょっと来てこれを拾ってちょうだい」などと、声をかけてくることもあったようです。

うちの子たちが我が物顔で遊ぶので、転居した年の暮れにおせち料理を少しと、バ

ラの花を1本持って、

「いつも子どもたちが走りまわって、やかましくて申し訳ありません」

とご挨拶をしました。すると心から喜んでくださり、そこからおつきあいが始まりました。

それからは折を見ては、お料理を持ってお訪ねしておりました。そのうち夫とおじいちゃまも仲良くなり、いつの間にか恰好《かっこう》の碁敵《ごがたき》となりました。


私はその方に、どこか母の面影を重ねていたのかもしれません。

当時は今みたいに交通の便がよくなかったので、頻繁に里帰りはできませんでした。母は76歳まで生きましたので、当時としては決して早死にではありませんでしたが、私は末っ子でしたので、34歳で母と別れています。

親孝行をしたかったのに、母には何もしてあげられなかった。そんな気持ちもあり、私は自然にそのおばあちゃまのお世話をしてあげたいと思うようになりました。

お身体が悪くてお気の毒でしたので、母にできなかった分、少しお手伝いしようと思ったのです。

子どもたちが幼稚園や学校に行くと、そのお宅にうかがい、おまるを使う介助をしたり、お掃除やお洗濯をしてさしあげたり。夕食も、うちの分と2軒分用意をしました。そういう関係は、私たち家族が田園調布のマンションに移るまで、かれこれ20年近く続きました。

私がおばあちゃまの分もおかずを作り、それがとてもおいしいとおばあちゃまが喜んでくださっていることは、いつの間にか口コミで近所の方々に伝わりました。

すると、いろいろな奥さま方が、うちに集まるようになりました。

最初は、私が作った料理をみんなでおしゃべりしながら楽しくいただく、という形でした。

そのうち数名の方が「私にも作り方を教えて」とおっしゃるようになり、気がつくと自宅が料理教室のようになりました。

教える私も主婦ですし、教えられるほうも主婦。お互いに知恵を出し合い、毎日の食卓を豊かにする料理を考えました。

そうこうしているうちに料理を習いたいという方がどんどん増えてゆき、自宅でのお料理教室が始まりました。それが今の仕事の出発点となったのです。

子どもの頃、大人たちから「情けは人のためならず」と教わりましたが、やはり昔の方はいいことを言うと思います。

人のために心をこめて何かをすると、いつしか自分自身に何かが返ってくる。結果的に自分のためにもなるのですね。

病室で肉を焼いて先生に怒られる

寄る年波には勝てず、夫も90近くになると、だいぶヨロヨロし始めました。支えようとして、ふたりそろって転んでしまったり。あぁ、これが老老介護なのかと実感しました。夫は若い頃からぜんそく持ちで、決して丈夫ではなかったのですが、いわゆる「一病息災」のタイプで、大きな病気で寝込むことはありませんでした。

それが、亡くなる5、6年前でしょうか。夕飯のときに枝豆を食べていたら、急に固まって、「背中が痛い」と言いました。その様子が尋常ではなかったので、すぐに救急車を呼び、入院。解離性大動脈瘤《だいどうみゃくりゅう》でした。

入院中は、毎日ご飯を炊いて病室に届けました。夕方、一合炊きの土鍋でご飯を炊いて、火を止めたらお鍋ごと新聞紙で包み、さらに綿が入った専用の包むものでくるんでタクシーに乗ります。するとちょうど到着するまでの7、8分で、いい蒸らし加減になるのです。炊きたてのご飯にまさるおいしいものはありません。病院食は失礼して、夫にはできるだけ口に合うおいしいものを食べてもらいたかったのです。

あまったご飯は、塩むすびにします。海苔は別にしておいて、甘塩鮭《あましおじゃけ》を焼いてほぐしたものを蓋物に入れ、ほかにも煮豆やお漬物の蓋物などもセットにしておくと、翌朝食べてくれます。その繰り返しでした。

おむすびを握っている最中に、先生が入ってこられ、

「何しているの？　鈴木さん」

と尋ねられたので、

「おむすび作っているんです。先生もいかが？」

と勧めて、大笑いしたこともあります。

あるとき、夫に食べさせてあげたくて病室でお肉を焼いたら、そこいらじゅうに匂ってしまって。当然のことながら先生や看護師さんにばれてしまい、さすがにそのときは「ダメですよ」と怒られてしまいましたが、今となっては懐かしい、おかしな思い出です。

夫の死を乗り越えられたのは仕事のおかげ

夫が亡くなったのは、突然のことでした。

80代半ばを過ぎてからは、眠りが浅いのか、夜中に暗いままソファに座っていることがよくありました。

私も目が覚めると、3時くらいにお茶を淹《い》れてあげて、ちょっとおしゃべりしたり。そんなこともよくあったのですが、その日に限って、気づかなかったのです。

朝、リビングルームに行くと、サイドテーブルの上に置いてあるものが落ちており、夫はソファにもたれかかって目をつぶっていました。

私はてっきりうたた寝をしているのだと思い、落ちていたものを拾って元のところに置いてから、朝食のパンを焼きに行ったのです。

朝食を持ってきて、

「パパ、朝ご飯よ」

と肩に手をかけたら、冷たくなっていました。もしかしたら夜中に私を呼んだかもしれないのに、なぜ気づかなかったのだろう。申し訳ない気持ちでいっぱいでしたが、一方で、「パパ、思い通りの逝き方ができたわね」という思いもありました。病院で死にたくない――いつも、そう言っていましたから。

享年91。大往生で、上手に逝きました。ちなみに夫の最後の晩餐《ばんさん》は、しじみのおみそ汁と焼き魚。どちらも大好物でした。

あまりにも突然のことなので、私は人の前では涙も出ませんでした。でも、ひとりになると、涙が止まりません。「私もすぐ逝くから、待っていてね」と、何度思ったことでしょう。でも、いまだにかないません。

今でも、夫のことを思わない日は、一日たりともありません。あのときこうだった、ああだったと蘇《よみがえ》ってくるのです。

夫の死後、がっくりきて弱り込まなかったのは、仕事があったから。仕事は私にとって、大きな救いとなったのです。

第３章

人生を好転させる「生きる知恵」

＊料理上手の母のもとに生まれて

ここで私がどのような少女時代を送ってきたのか少しお話をしたいと思います。

私は大正13（1924）年、青森県で生まれました。兄が3人と、姉がふたり。6人きょうだいの一番下で、母が42歳のときの子どもです（高齢出産でした）。

ですから母は、自分が生きている間に、末娘にいろいろなことを教えておきたいと思ったのでしょう。「しつけ」という形で、私にいろいろなことを教えてくれました。

「お千代さん」とみんなから呼ばれていた母は、岩手県一戸の宿屋（屋号は鉄砲）の長女として生まれ、篆刻家《てんこくか》の父のもとに嫁ぎました。

今と違って、料理の本や料理番組があるわけではありません。でも母は、上の世代から伝えられたものが身体に染み込んでおり、さらに暮らしのなかで自分なりの知恵を会得したのでしょう。近所でも評判の料理上手でした。

うちのほうではお盆になると、ご馳走《ちそう》をお墓に持っていく習慣があります。なすの田楽やお煮しめなどの精進料理を、ワラで編んだこもに入れて提げてゆき、お墓に置いてくるのです。

私たちが帰ると間もなく、斜面になっている杉木立から界隈《かいわい》の子どもたちがスルスルと降りてきて、うちのお墓に殺到していたそうです。

仏さまに捧げた後の「お下がり」は、みなさんで食べていいことになっています。近所の子どもたちはみんな、お千代さんが作るご馳走がおいしいことを知っていたのです。

お千代さんは縫い物も得意で、足袋も自分で縫っていましたが、片方が小米桜《こごめざくら》で片方が縞《しま》だったりと、今思い出しても、とてもおしゃれでした。よく女持ちの煙管《キセル》で煙草を吸い、じっと黙って献立を考えていました。

明治生まれの母は、女学校も出ていません（母の一番下の妹が初めてできた県立女学校の第1回の卒業生でした）。でも「女大学」を出ている、とでも言えばいいのでしょうか。生活全般にわたって、深い知恵を持っていたと思います。

お手伝いを通して生きた知恵を身につける

母の料理はおいしいだけではなく、見た目もたいそう美しいものでした。たとえば塗りの器によそった、白身のお魚や貝のお椀。蓋を開けると、まず吸い口の香りがふわっと立ち上ります。

秋から冬なら柚子《ゆず》、春なら山椒《さんしょう》の芽。柚子の黄色や木の芽のすがすがしい緑に、はっと目が吸い寄せられます。

そして、色あざやかな青菜の「椀づま」。子ども心に、なんと美しいんだろうと思ったものです。

ひとくち汁を口に含むと、だしと椀だねの風味が溶け合い、えもいわれぬおいしさです。私は母が作るお椀が大好きでした。

母はおひたしやごま和えのために小松菜やほうれん草を1束ゆでると、必ず1株か2株取り分けておきます。

そして翌朝、油揚げと大根のおみそ汁にパッと散らしたり、金目鯛《きんめだい》の煮つけの煮汁にさっと浸したものが前盛り（料理を引きたてるために皿の手前側に添えるもの）に出てきたりします。

おみそ汁も、ちょっと青みがあるだけで、パッと引き立ちます。そういう料理の知恵を、母はたくさん持っていました。

私が小さかった頃は、子どもが親のお手伝いをするのが当たり前の時代。物心ついて最初の仕事は、台所にある大きな水がめの水をいっぱいにすることでした。

ポンプがつく前は、つるべで水をくみ上げていました。子どもにとって、これはかなりの重労働です。ですからポンプがついたときは、なんて便利なのだろうと感激したものです。

大きなすり鉢をしっかりと押さえるのも私の役目。やまいもでとろろを作ったり、山椒の芽とみそを合わせた木の芽みそ、ごま和えや白和えの和え衣など、すり鉢が活躍する機会はけっこう多かったように記憶しています。

ちらし寿司や太巻き寿司を作るときは、私は酢飯をあおぐ役。手早く冷まさないと、寿司酢とご飯がうまく馴染《なじ》みません。

「もっとしっかり」「よい風を送りなさい」などと言われながら、必死であおいでおりました。

お手伝いをしながら身体で覚えたことは、今でもしっかり身についています。

言われた通り、ただやみくもに手を動かしていましたが、そこにはおいしくするための知恵や、お料理を供する上でのこまやかな気配りがたくさん隠されていることを、後になって知りました。

「おもてなし」では最初のひとことが重要

母から教えられたことはたくさんありますが、「おもてなし」の神髄もそのひとつです。八戸の実家はお客さまが多い家でしたが、どんな方がいらしても、母は、「まんずまんず、よお〜ぐおでやってくんしゃりゃんしたごど〜」と迎えていました。標準語に翻訳すると、「ようこそお越しくださいました」ということですが、母は包み込むような温かさで、お客さまを迎えていたのです。

そのひとことで、お客さまの心がどれだけなごんだことでしょう。私もお人さまをお迎えするときは、かくありたいと思っています。

今も私は、お客さまがお見えになるのがわかっている場合は、お見えになる前にスリッパやお茶、お茶菓子などを整えておきます。暑い季節でしたら、いらっしゃってすぐにおしぼりや冷たい飲み物をお出しし、寒い季節だったら、まず身体を温める飲み物をお出しすると、お客さまもほっとするはずです。雨の日は、お召し物が濡れているかもしれません。お玄関に乾いたタオル等を用意しておきます。

そしてお約束の時間の10分くらい前から、いつピンポンとなっても、すぐに出ていけるようにしておきます。お玄関も電気をつけておくなど、明るくしておくと、お客さまも家に入ったときに気持ちがよいはず。そういう準備をおこたりません。

昔はお客さまが見えると、家族総出で歓待したものです。私たち子どもも、お客さまの前にきちんと座って、「いらっしゃいませ」とあいさつをするようにしつけられました。

ところが今は、よそのお宅に伺っても、子どもたちはあいさつに出てもこないことが多いようです。親もとくに、子どもにあいさつさせようとは思っていないのでしょうか。人と人とのおつきあいの基本は、小さい頃から身につけさせないと、将来困るような気がするのですが。

ご参考までに、「おもてなし」される側になった場合、素足で訪問先に上がるのはマナー違反です。必ず靴下やストッキングを履くようにしてくださいね。

相手の心のうちを察せられるか

我が家は父の生前も、父が亡くなった後も、お客さまが多い家でした。

宿屋で育ったこともあってか、母はおもてなしも上手。法事の際も大勢のお客さまの料理を、一手に引き受けていました。

来客があったとき、朱塗りのお盆におつくりや小皿やお吸いもののお椀を載せて、台所とお座敷を行ったり来たりするのは私の役目。お椀の中身がこぼれないように運ぶため、自然とすり足になり、行儀よく歩くようになります。

足つき膳に料理を置くときも、背筋を伸ばしたまま膝をつき、静かにお盆からお膳へと移します。あるいはその姿勢で、しずしずとお客さまにお手渡しします。

器を母から渡されるときは、

「こちらが前よ。必ず、先さまのほうに向けてお出しするのよ」

と、念を押されます。

こうして私は、お料理を出す順序やマナーを自然に覚えたのでした。

母は魚の一匹づけ（焼き魚など一匹を皿に盛ること）は長手のお皿に盛り、手前に大根おろしにあさつきのみじん切りを混ぜたものや酢取りれんこん（酢に漬け、酸味をつけたれんこん）など、「前盛り」を必ずつけていました。

前盛りを添えると、ちょっとした箸休めになりますし、お皿の上の風景も美しくなります。

そして、たとえば焼き魚であれば、お箸をつけるとジューッと音がしそうなほどアツアツのところをお出しするよう、心を砕いていました。

お給仕は私の役目ですから、母からは、お客さまの様子によくよく気をつけているように、と言われておりました。たとえばご飯のおかわりをなさりたいようだったら、すっとお盆をさし出すように、と言うのです。

お客さまはなかなか自分から「おかわりください」とは言えないもの。相手の心のうちを察するのが、おもてなしの心、というわけです。

ですから私は、ついついお客さまをじーっと見つめてしまうのです。

6つか7つの女の子があんまり見つめるので、ちょっぴり困って、苦笑いする方もいらっしゃいました。

母は、こうも言いました。

「自分がよそさまへ伺ったとき、『あぁ、よくもてなしてくださった』と思われるように振る舞いなさい」

と。小学校に上がるか上がらないかの歳の私に、です。

昔の親というのは厳しかったけれど、子どもの将来を思って、「こういうしつけをしよう」「こうしたほうがいい」という考えをはっきり持っていたように思います。

そして昔の子どもは、親の言うことを素直に聞いたものです。とくに小さい頃は、親の言うことは絶対。その頃にすり込まれたことは、一生涯残ります。

私が今日まで和食の知恵や伝統についてみなさまに教えることができるのも、母のおかげだと感謝しております。

「神経質」ではなく「こまやか」に振る舞う

母は漆器を拭くときは、必ず床にきちんと正座していました。箱から漆器や大事な器を出すときも、同じです。姿勢をただし、正座して落ち着いて作業をすると、滅多に器を落としません。

万が一、手がすべっても、その姿勢からだと大事に至りません。どんなに忙しくても、大事な器を扱うときは、バタバタしない。その心がけを、母の姿から学びました。

何か私に用事を頼むとき、必ず言い添えたのが、「ちゃんと手元を見るように」。視線があちこち向いているのは、心ここにあらずの証拠。集中していないので失敗も多いし、料理をする際も、失敗が多くなります。

お客さまにお茶やお菓子などを出す際も、何かに気を取られて手元がお留守になっていると、粗相をしかねません。

洗いものをする際も同様で、手元を見ていないときれいにならないし、器の端を蛇口にぶつけて欠かすなど、失敗も多くなります。

母は「四隅をていねいに」とも、よく口にしていました。お重や折敷《おしき》などを拭くときは、ぞんざいにならないよう、とくに四隅まで心して手入れをするように、ということでしょう。

家事をする上でのそういったこまやかさに関しては、ずいぶん厳しく言われたものです。

かといって母は、決して神経質な性格ではありませんでした。「こまやか」であることと「神経質」は違うのです。

私も決して神経質ではなく、むしろ大雑把な人間だと自覚していますが、料理や家事に関しては小さい頃に叩《たた》き込まれたこまやかさが身についています。

みなさまから「ばぁばの料理は丁寧だ」「盛りつけも料理もきれい」と言っていただけるのは、母の教えのおかげだと思っております。

＊小さな「気ばたらき」でこんなに変わる！

母はやかましく、「空身《からみ》で行ったり来たりしないように」と言っていました。

空身というのは、手に何も持たないでいること。つまり、何もしていない状態です。家のなかの仕事というのは、際限がありません。家を居心地よく、美しく保とうと思ったら、やることはいくらでもあります。

実際に母は、ちょっとした時間の隙間も、家具や食器を拭くなどして朝から晩まで手を動かしていました。

私もたぶん、母の教えが身についているのでしょう。

たとえば部屋から部屋に移るついでに、テーブルの上の不要なものを片づけるとか、コンロの上の鍋の取っ手がはみ出ているようなら、邪魔にならないように向きを直すとか、何かひとつの用事をするときに、さらにもうひとつできることはないかと、サッと見回すくせがついています。

こういうことは、ほんのちょっと心を働かせればできることです。それが「気ばたらき」です。

仕事も家事も、気ばたらきができるかどうかで、効率が大きく変わってきます。

私が仕事で忙しい日々を過ごしながらも、家事をおろそかにしないですんだのは、気ばたらきが習慣になっていたからかもしれません。

ほんのささいな気ばたらきも、積み重ねたら膨大な時間の節約になり、その分、より大切にしていることに時間をまわすこともできます。

ですから助手さんにも、

「通りすがりにでも、なんでも〝用〟というものはあるものですよ」

と口うるさく申しておりますが、さぁ、はたして心に届いているかどうか……。

＊「台所でため息をつかないで」

母の言葉で今も忘れられないのが、「台所でため息をつかないで」です。ため息からは、いっさいしあわせや喜びが感じられません。

もし誰かがため息をついたら、どんなにそれがかすかなものであれ、近くにいる人はなんとなくいやな気分になり、気持ちがふさいでしまいます。

もし一家の主婦が台所でため息をついたら、夫や子どもたちはどんな気持ちになるでしょう。なんだか、やりきれない気持ちになるのではないでしょうか。

たかがため息、されどため息。ため息という何気ない、ごくごくささいな振る舞いには、大袈裟に言うと、家の空気をマイナス方向に変えてしまうだけの破壊力があるのです。

だからこそ昔の女性は、どんなにしんどくても決してため息をつくまいと、自らに言い聞かせていたのでしょう。

母が主婦として立ち働いていた時代は、ガスも水道もなく、家事は今の10倍、いや100倍大変だったと思います。台所には隙間風が入り、冬はしんしんと冷え込みます。その台所で、夫のためにひたすら料理を作り続けていたのです。

しかも、6人の子どもを産み育てながら。ときにはため息をつきたくなるときもあったはずです。

それでも母は、決して台所でため息はつきませんでした。それが家族への思いやりであり、子どもへの愛情であり、一家の主婦としてあるべき姿だと思っていたのでしょう。

お酒をこよなく愛した父は、私が小学校に上がった年に、肝臓を悪くして亡くなってしまいました。父は63歳、母は50になるかならないかの頃です。

そのとき、母はたったひとこと、「ホッとしやんした」と申しました。

長年愚痴もこぼさず、いやな顔もせず、ひたすらおいしいものを作り続け、厳しい父に尽くしてきた母。その間、６人の子どもを産み育て、家をきりもりしてきたのです。決して父が嫌いだとか、父に仕えるのがつらいと思っていたわけではなかったでしょうけど、「ホッとしやんした」というのは、まさに実感だったのでしょう。

淡々と、しかし辛抱強く自分の役目をはたした母の芯の強さは、まさに明治の女ならではだと思います。

その母が、娘たちにこれは伝えておかねばという強い気持ちで、厳しくいましめたのです。「台所でため息をつかないで」と。

苦労やつらさは、家族の前でも決して出さない。それが、明治の女の心意気だったのでしょう。

「カイゼル髭」と「印旛沼のガマ」

私の女学校時代は、日本は戦時下。東京などの大都市よりは食糧事情がましだったかもしれませんが、お米も配給でしたので、一家をまかなうには足りませんでした。うちでもよく、小麦の外皮を粉にしたふすま粉を混ぜたり、刻んだ大根と一緒に炊く大根飯や、かぼちゃやさつまいもを混ぜたご飯が出るようになりました。

当時は夕方になると、ご近所から一斉に大根を刻む音が聞こえてきたものです。

戦時体制でしたので、10代の娘たちは女子挺身隊《ていしんたい》として工場や基地などで働かされていました。私が通っていたのは、八戸の陸軍航空廠《こうくうしょう》。トップは陸軍大学校出身で、カイゼル髭《ひげ》を生やして、つるつる頭からいつも湯気を立てているような、いかめしい容貌の怖い方でした。そして、「カイゼル髭」にへいこらしていたのが副官。その容貌から、陰でこっそり、「印旛沼《いんばぬま》のガマ」とあだ名をつけました。私のあだ名好きは、どうもこの頃からだったようです。

誰かお客さまが来たときなど、カイゼル髭の部屋にお茶出しの係がお茶を持っていくのですが、なんとなくハキハキしない感じの女の子でした。あるとき、たまたまかわりに私が持っていったところ、いつの間にかお茶出しは私の役割に。怖いもの知らずというか、物おじしないところが気にいられたのかもしれません。けっこうかわいがってくれて、お駄賃がわりにキャラメルやチョコレートをいただいたものでした。

あるとき、航空廠に宮さまがいらっしゃることになり、会議の結果、私がお給仕の役に選ばれました。たぶん普段の様子を見て、お給仕に向いていると思われたのでしょう。

ところがそれからが大変で、家族に結核患者はいないか、問題がある人はいないかなど、家のことをいろいろ調べるのです。

母はうちにやってきた陸軍の方に向かって、

「おらほうは全員、おきちげぇの気《け》がござりやんす」

と申したそうです。母は普段は寡黙な人でしたが、かなり反骨精神が旺盛だったようです。あの軍国主義の時代に、そんな皮肉まじりの応対をしたのですから。

母はいったい何を思って、そのようなことを言ったのでしょう。聞いておけばよかったと、残念に思います。結婚して夫にそのことを話しましたところ、「ふーん、どこの家にも多少、その気はあるようだゾー」って。それは夫なりの慰めの言葉だったのかしらと思っております。

ちなみに私は、女学校のお裁縫の点数は甲・乙・丙の丙。宮さまへのお給仕が決まると、うちに出入りしていた茶道のお師匠さんが心配して、お作法をご指導くださいました。ただし心配のあまり、当日ついて行くと言われたのには閉口し、丁重にお断りいたしました。

そして、八戸で迎えた終戦。その翌年、私は故郷を離れ、八戸から東京へと嫁いだのです。今は新幹線に乗ればあっという間ですが、当時はずいぶん遠くに感じたものでした。

第4章

「食べること」は人生そのもの

＊

和食のよいところを若い世代に伝えたい

私はよく、お教室の生徒さんたちに、

「日本人には、日本人の体質に合った食べ物があるから。そういうものを私は残していきたいし、みなさんに伝えていきたいのよ」

と、お話しします。たとえば日本人の腸は、欧米の人より長いと言われています。長い間、野菜をたくさん食べてきたから、遺伝的にそうなっていったのでしょうね。何も知らないで食べたり作ったりするより、そういうことをいろいろ知っていたほうが楽しいと思います。


春になると山菜が楽しみ、という方も多いようです。芽吹きを味わう山菜は、まさに季節の味です。

山菜はほろ苦いものが多いのですが、苦味成分には抗酸化作用のあるポリフェノールや、新陳代謝を促進する成分、自律神経や胃腸を整える成分も含まれているそうです。

栄養学も化学もなかった時代から、私たちの祖先は、身体の声に従って山菜を食べてきたのでしょう。

そういう四季折々の自然の恵みがあって、本当にしあわせだと思いますし、やっぱり和食は私たちの体質に合い、身体にやさしいのではないでしょうか。

最近は年中イタリアンやフレンチなど、外国の料理を食べたり、食卓に並べる方が増えているようです。それはそれで楽しいことだし、私もいろいろな国の料理を食べるのは大好きです。でも、自分の国のものも大事にしてもらいたいのです。

和食は日本のすばらしい文化。その知恵や伝統が途切れてしまっては、もったいないと思います。なんとか知恵や伝統を守って、次の世代につなげていってほしい——その思いを伝えたくて、私はこの歳でも、お料理教室を続けているのです。

＊「手秤」と「目秤」が料理上手のコツ

お料理が苦手だという人は、経験が少ないだけです。最初からできる人は、滅多にいません。

でも慣れさえすれば、誰でもある程度、上手になります。1回や2回失敗しても、3回やれば、たいていマスターできます。

ですから、まずは作ってみることが大切です。

最初は、本やネットで見つけたレシピなどを参考にするのもいいでしょう。ただ味つけというのは、その方、その方の好みがあります。

うちはもう少し濃いほうがいい、あるいは薄いほうがいいと思えば、味見をしながら加減をして、その人らしい味を、少しずつ作っていけばいいのです。

ただし調味料は、いったん入れてしまったものを、引き算はできません。ですからまずは薄めに味つけをして、味を見ながら足していくほうが、間違いがありません。そのうち、「手秤《てばかり》」「目秤」が身につき、材料を見ただけで、味つけには調味料をどのくらい使えばいいのかがわかるようになります。そうなれば、しめたものです。

まずは、自分の手にかなったものから始めるのも大事です。最初から難しいものに挑戦しようとすると、きっと料理がイヤになってしまいます。

ご飯を上手に炊き、おいしいおみそ汁とおひたしを作る。それに焼き魚があれば、立派な和食です。

簡単で手軽なものが作れるようになれば、だんだん料理が上達し、他のものも自然に上手になります。

誰かに食べてほしい、喜んでほしいと思いながら作ることも大事です。おいしいものを食べたら、誰でもしあわせな表情になります。おいしい料理は、人をしあわせにする——。そう思っていれば、料理の腕はどんどん上達していきます。

心をこめて作る料理が何よりのごちそう

お料理をするうえで大事なのは、「相手を思うこと」ではないでしょうか。「相手を慮《おもんぱか》る」と言い換えてもいいかもしれません。

私は専業主婦の時代も、夫や子どもの様子を見て、「今日は寒そうだから温かいものにしよう」「体調が悪そうだから食べやすいものを」などと、献立を立てていました。とにかく、できるだけおいしいものを食べさせたい。その一心でした。

夫が残業や仕事のおつきあいで遅くなるときは、必ず子どもたちの前で、

「これはパパの分よ」

と、炊きあがりの一番おいしいご飯を取り分けるようにしていました。

保温ジャーなどない時代のこと。ふきんで器ごと包み、さらに乾かないよう小さめのふろしきでくるんで、冬ならこたつのなかにぶらさげておきました。するとそこに

いなくても、子どもたちは父親の存在を感じます。

自分たちだけ炊きたてのものを食べて、仕事で疲れて帰ってきた夫に冷や飯を食べさせるようでは、夫の立場がありません。

料理や食事は、子どもたちに父親を尊敬する気持ちを教える場でもあったのです。

「おいしいご飯を食べさせたい」という心が、家族にとって、何よりのごちそうです。

そして料理は、家族や人を思う気持ちを育ててくれます。その思いは必ず家族にも伝わると、私は信じています。

うちは3人の子ども、5人の孫、5人のひ孫がいますが、何かあるとみんなで集まり、食事会をします。娘ふたりは私の味を引き継いでくれ、料理の仕事をしています。

母から子へ、子から孫へ。「食べる」ことに込めた思いが、家族をつないできたのだと思っております。

感覚を鋭くすると、料理はますます楽しくなる！

おいしい料理を作るうえで欠かせないのが、こまやかさ。ちょっとしたことを見過ごさず、よく目が行き届くこと、と言い換えてもいいかもしれません。

たとえば鍋を火にかけ、昆布だしをとりながら、流しで何か別の作業をしていたとします。沸いてきた音で、パッとコンロの前に行って火を止める人と、グラグラ音を立てていても気がつかず知らん顔の人とでは、だしの味が違ってきます。

すぐに気がつく人と、タイミングを見過ごす人と、わずかな差かもしれませんが、結果は大きく違うのです。

こまかいことにまで神経を行き届かせるのは、いわゆる「神経質」とはちょっと違います。料理をする際、あまり神経質になると、なんだか勢いのない、ちまちまとしたものになりがちです。

一方こまやかさは、感覚の鋭敏さと言い換えてもいいかもしれません。持って生まれた資質もありますが、訓練や慣れによっても、五感を磨くことはできます。

お料理をするときは、あらゆる感覚を働かせなくてはいけません。でも、それも慣れてくると、とくに苦ではなくなります。私も音を聞いただけで、

「あら、この火加減ではダメよ」

と、助手さんにすぐ注意できます。後ろに目があるのかしら、とよく言われます。

後ろに目があるといえば、こんなことがありました。

大根のせん切りも、繊維に沿って切る「縦せん切り」と、輪切りにしてから細く切る「横せん切り」があり、料理によって使い分けをします。

横せん切りは、繊維を横断することになるので、なますなどしゃきしゃきした食感が身上の料理のときには向きません。そのかわり横せん切りはさっと煮えるので、急ぐときのおみそ汁などに向いています。

そういう使い分けをするのも、「こまやかさ」です。

あるとき、サラダにするからと助手さんに、大根のせん切りを頼みました。

私はちょっと離れたテーブルで打ち合わせをしていたのですが、背中の向こうから聞こえてくる包丁の音に、

「あなた、横せん切りにしているでしょう」

と言いました。

見ていないのになぜわかるのかと、お客さまも助手さんも驚いていましたが、縦せん切りと横せん切りでは、切る音が違うのです。

繊維に沿って切る縦せん切りは、シャッシャッシャッと歯切れのいい音がし、繊維を横断する横せん切りだと、ジョリジョリと鈍い音がします。一度、試しに聞き比べてみてはいかがでしょう。

そういうことを覚えるのは、楽しいし、大事だと、みなさんに知っていただきたい。何歳になっても新しいことを知ると、わくわくするはずです。

「お母さんの味」は子の人生を豊かにする

私が新婚生活を送っていた頃は、戦後すぐの食糧難の時代でしたので、料理をするのもひと苦労でした。なんとかやりくりし、料理を作ることができたのは、お手伝いをしながら母の手元を見ていたからです。まさに見よう見まね。料理しながら味見をし、試行錯誤しながら母の味に近づけていきました。

本やテレビの料理番組を見てレシピ通りに作るのとは違い、「これだ」という味に辿《たど》りつくまでには時間がかかるけれど、料理の力はついたと思います。

母のおかげで、「おいしい」と心から思える味を小さい頃から覚えていたことは、私の人生をとても豊かにしてくれました。

やがて日本の経済も向上し、海外からの食文化がどんどん入ってくると、私もそうしたものを積極的に取り入れました。

日本料理の基礎があったから、臨機応変に応用でき、おいしさを追究できたように思います。

そういえば、あるときスーパーマーケットで小さいお子さん連れのママが、「今日、何が食べたい？」と子どもにできあいのお惣菜《そうざい》を選ばせている光景を見かけ、もう少しで「あなた、何言ってるの」と口をついて出そうになりました。

子どもにお惣菜を選ばせるなんて、とんでもない。なぜ「これはママのごちそうよ」と、胸を張って自分の料理を食べさせないのでしょう。

昔の母親は子どもに媚《こ》びたりせず、これを食べたら栄養のバランスもとれ、身体にもいいという思いで料理を作ったものです。箸をつけたものは、残さず食べなさい。どこの家でも、親はそう子どもに言いました。

子どもは自然と母の味を覚え、自分が大人になると、同じような味つけの料理を作るようになります。そうやって、味が伝えられていったのです。

買ってきたものは、やはり家で作った料理とは味が違います。もちろん忙しいお母さんは、すべてを手作りというわけにはいかないかもしれませんが、できあいのお惣菜ばかりが並んだ食卓は、やはりわびしいと思います。

離乳食も、最近は作る人が減っていると聞きます。何も特別なことはしなくても、ご飯はスープ煮に、お野菜はペースト状にと、かわいい口もとに合わせれば、簡単に離乳食を作ることができます。そういう才覚を持たないお母さんが多いのは、ちょっと残念です。

今のお母さんは外で働いている方も多く、なかなかすべて手作りというわけにはいかないかもしれません。ですから親の味を子に伝えるということも、だんだん先細りになるのかなとも思います。

でも一回の食事につき一品でもいいから、子どもに「母の味」を食べさせてもらいたいのです。その子が大きくなったとき、きっと懐かしい記憶となり、温かくて大事なものが心に残るはずだからです。

＊「おいしい？」と聞くのはやぼ

家族や好きな方に料理を出し、食べながら「どう？　おいしい？」と聞く方がいますが、あれはやぼだと思います。

とくに結婚して間もない頃は、相手の味の好みもわからないので、つい「おいしい？」と聞きたくなるのかもしれませんが、聞かれたほうはたまったものではありません。

たとえ口に合わなくても気を遣って「おいしい」と答えるか、正直に「おいしくない」と答えて、夫婦の関係がぎくしゃくするか。どちらにしろ、いいことは何もないと思うのです。

相手がおいしそうに食べていれば、おいしいんだなと思えばいいし、残すようだったら、おいしくないか、あるいは好みではないのだと判断すればいいのです。

残したからといって「どうして？」とか「まずかった？」とか聞くこともないと思います。

やはりその人、その人、育ってきた家庭の味があるし、好みもあるでしょう。

あまりおいしくなさそうなら、反省して、次はもっとおいしく作るよう工夫すればよいのです。


私の場合、夫は好き嫌いはありませんでしたが、やはり好物と苦手なものはあるようでした。

ですから残した料理は、その後は作らないようにし、好きそうなものは、何度も作るようにしていました。

「私が作ったのは、おいしいに決まっている」みたいな態度も、いただけません。

あえて問いたださず、相手の様子から察して料理を作る。それも、家庭で料理を作る際の心得である気がしております。

＊なんでもかんでも冷凍しない

最近は便利な台所用品が増え、昔に比べると料理がとても楽になりました。でも、何もかも道具に頼らず、昔の知恵も多少取り入れてみてはいかがでしょうか。

私が子どもの頃は、まだ冷蔵庫がない時代。台所の床下に大きな木箱が埋めてあり、そこに藁《わら》をしいて、新聞紙にくるんで野菜を保存していました。

実は、新聞紙にくるむというのは、野菜が長く持つ保存法なのです。ですからマンション暮らしの頃も、冬はねぎや白菜は新聞紙3枚ほどでぐるぐる巻きにして段ボールに入れ、ベランダに出していました。

こうしておくと風が直《じか》に当たらず、それでいて冷たい空気は伝わるので、かなりの間シャキッとしたまま、元気でいてくれるのです。

冷蔵庫に入れると、むしろ乾燥が進み、みずみずしさや微妙なうまみが失われがちになります。

もっとも最近の冷蔵庫は性能がよくなり、野菜のみずみずしさが保てる機種もあるようですが、必ずしも冷蔵庫に頼る必要はない、ということも覚えておいてもらいたいと思います。

たとえばお肉や魚は、よっぽど上手に解凍しないと、味が落ちたり、解凍時に水分が出て水っぽくなってしまいます。

生の魚や鶏のささ身などは、お酒と塩、あるいはお酒とおしょうゆをふって冷蔵庫に入れておけば、2日ほどは充分にもちます。

そういう昔ながらの保存法も、知っておいていただければと思います。

＊若い頃にとったカルシウムは健康の貯金になる

私は転んでも、骨折しないのです。あるとき、車から降りた拍子に車止めにつまずいて派手に転びましたが、そのときも骨折しませんでした。念のため病院でレントゲンを撮っていただいたところ、その骨の立派さにお医者さまもびっくりしていました。

骨が丈夫なのは、小さい頃からカルシウムをたっぷりとっていたからだと思います。生まれと育ちは青森県でしたので、春は食卓にはニシンの塩焼きがよく並びました。ニシンはお腹のところに小骨がいっぱいありますが、それをいちいち取り除いていると、お魚が冷めてしまいます。

〝いやしんぼ〟だった私は、お魚は熱いうちにいただきたい。そのほうが断然おいしいからです。ですから小骨ごと、全部食べていました。それがよかったのかもしれません。

おかげさまで、この歳まで虫歯もありません。ただし50歳を過ぎてから親不知《おやしらず》が妙な具合になったので、抜くことになりました。

午前中に抜歯し、お医者さまからは出血するかもしれないからお昼は食べないようにと言われました。

でも帰る道すがら、「お腹がすいたわ。先生からは『お昼抜きですよ』と言われたけれど、抜いてなんかいられない」と思って。家に着くなり、助手さんと一緒にお昼ご飯をいただきました。

きちんとした方なら、大事にしてお医者さまの言うことを聞くのでしょう。

でも私は、出血もしていないし、お腹もすいたし、食べてしまおう、となってしまう。たぶん単純で、おバカなのでしょう。つい、自分の尺度で物事を判断してしまいます。

まことに勝手きわまりないけれど、丈夫な身体に産み、きちんとしたものを食べさせてくれた親に感謝しております。

最近は10代でダイエットをする人もいますが、そのせいで骨粗鬆症《こつそしょうしょう》になる人も少なくないと聞いています。若い頃にきちんとした食事をとらないでいると、後々大きなつけを払うことになります。

みんながみんな、モデルさんみたいな体型にならなくてもいいではないですか。

やはり人間、健康でいるのが一番です。

お母さま方には、子どもの健康の基礎をつくるのは日々の食事だということを、よくよく頭に入れておいていただきたいと思っております。

食事のマナーを守ると姿も美しくなる

昔の子どもは、親から「食事中、肘をついてはいけません」「背筋を伸ばして姿勢よく食べなさい」などと厳しく言われたものです。ところが最近は、テレビで食レポや、ドラマの食事シーンでも、平気で肘をついて食べている人がいます。

肘をついて食べるのはマナー違反であるだけではなく、背筋が曲がり、どう見ても美しくありません。それがどうしてわからないのだろうかと、画面に向かって「ダメじゃないの」と、ひとこと言いたくなります。

食事中は、背中をスッと伸ばし、食べ物を口に近づけるのが基本。ときどき口のほうをお皿に近づける人がいますが、これは「犬食い」と言い、洋の東西を問わず卑しい食べ方とされています。

犬食いをするとどうしても背中が丸まり、恰好が悪いし、情けない感じがします。

西洋料理は器を持っていただくことがほとんどありませんが、日本料理の場合、ご飯茶碗や小鉢、汁椀などの食器を手に持ち、器のほうを口に近づけていただくのが基本です。ただ手に持つといっても、器の縁に親指をかけるのは不作法ですし、美しい動作とはいえません。器は手のひらでふんわりと、包み込むように。焼き物皿のような大きなものは、器に手を添えて。

遠くのお皿のものを直箸でいきなり取るのも、マナー違反。取り皿で受けながら、取り箸で取るべきでしょう。

女性の場合は、お箸を顔に直角に向けて口に近づける人もいますが、あれもみっともないですね。もっと気になるのは、長い髪の毛をかき上げながら食べる人。「もしもし」と声をかけて、髪を結んであげたくなります。

きちんと姿勢を正して食事をいただくと、見た目に美しいばかりでなく、胃が圧迫されないので消化にもいいはず。気持ちよく食が進みます。

男の人も女の人も、マナーを守って食べると、自然と姿が美しくなり、恰好よく見えます。ですからぜひ、最低限のマナーは覚えていただきたいと思っております。

「おだし」は和食の基本です

和食の滋味深いお味を決めるのは、おいしいおだし。煮ものや椀もののお味の基本となるものですから、ぜひ、おだしの取り方は覚えていただきたいと思います。

おだしを取るのは面倒だと思っている方も多いようですね。

でも、そんなことはありません。かつお節も昆布も、その道のプロの方が、時間と手間をかけて作った乾物です。だからこそ、水と合わせて煮出せば、短時間でパッとうまみを引き出すことができるのです。

時間と手間はプロが引き受けてくれ、私たちはたった数分間の手間をかけるだけ。和食のおだしは、実はとても手軽なのです。

ただし、なにがなんでも昆布とかつおの削り節がなければダメと考えるのは、少々頭でっかちです。私は、若いお嬢さんが、

「先生、やっぱりおだしは、いい昆布と削り節ですよね」

などと言うと、

「あなた、いい昆布がどのくらいのお値段か知ってるの？　ものすごくお高いのよ。普段、そんなことしていられませんよ」

と答えます。実際、上等の昆布はかなりお高いものです。

ですから、普段の食事は削り節だけでもいいですし、お安くて味がよく出る煮干しもおすすめです。

ただ、ここぞというときは、やはり昆布とかつおの削り節のおだしに勝るものはありません。


作り方を説明しますと、分量は4人分で、水4カップ、10㎝ほどの昆布1枚、それから手を大きく開いて削り節を1つかみ用意します。このときの昆布は、早煮昆布など薄手の昆布ではなく、日高昆布、利尻昆布など幅が広いだし昆布を使うことが大切です。

まず、乾いた布巾で昆布の表面を軽く拭き、鍋に水とともに入れて中火にかけます。昆布がゆらりと動き、お湯がクツクツし始めたら、そろそろ引き上げどき。沸騰する前に、昆布を取り出してください。

次に、削り節をパッと鍋に放ち、ひと呼吸置いて火を止めます。最後に表面に浮いたあくをすくい取り、削り節がお鍋の底に沈むまで待ちます。そして固く絞ったふきんか不織タイプの紙タオルをしいた濾《こ》し器で静かに濾します。これが一番だし。香りが高く、上品なうまみがあり、お椀にするとうっとりするような味になります。

ちなみに、かつおだしにはうまみ成分のイノシン酸が含まれ、昆布だしにはグルタミン酸が含まれています。イノシン酸とグルタミン酸を合わせると、うまみが7〜8倍になるそうですから、お吸いもののお椀や筍の煮ものなど、「ここぞ」というときには、ぜひ使ってほしいと思います。

だしを取った後の昆布は、捨てないでください。冷凍してためておき、たまったところで色紙（四角）切りにし、たっぷりの水とお酒とおしょうゆでじっくりと煮る当座煮にすると、極上の副菜になります。当座煮とは、ほんの当座の間に合わせに作るもので、3日ほどはもちます。

煮干しは片口いわしの幼魚をゆでて干したもので、いわしのうまみがぎゅっと凝縮された濃い味わいは、いわば普段着のおいしさ。おみそ汁や田舎風の素朴な煮ものには、とてもよく合います。

煮干しだしを取る際は、頭とはらわたを取るひと手間を惜しまずに。このとき、中骨に沿って身を開いておくと、だしが出やすくなります。量は水3カップに12〜13尾見当。水から入れて煮るのがコツです。

煮立ったら火を弱めてあくを取り、さらに中火で4〜5分間煮出し、冷めたら煮干しを取り出します。

朝ご飯におみそ汁を用意する場合は、前の晩から煮干しをお水につけておくのも、よい方法です。

新芽がめぶく「春は和えもの」

日本料理の大きな特徴は、季節感を大事にすることです。

日本は四季の移ろいがはっきりとしています。海の幸、山のなりもの、里の恵みが豊かなお国柄ですから、季節に応じてさまざまな食材に恵まれています。

そうした季節の素材をうまく使い、そのときどきの気候に合った料理を作るのが、和食の真骨頂と言ってもいいでしょう。

和えものは、春にはぜひ作っていただきたい一品。「春は和えもの」と覚えてください。代表的な和えものが、ごま和え。みなさんもよくご家庭で作ると思いますが、ごま汚しという言葉も聞いたことがあるのではないでしょうか。

実は「ごま和え」と「ごま汚し」は違うもので、白ごまを使うのがごま和え、黒ごまを使うのがごま汚しです。

ほうれん草など青菜類のごま和えやごま汚しは一年中いただけますが、青菜が一番おいしいのは、冬から春にかけて。ぜひ副菜として加えたいものです。

寒い冬をすぎて春を迎えると、なんとなく酸味のあるものも欲しくなります。やはりこれも、身体が欲するのでしょう。

そんなときにいただきたくなるのが、さっと茹でたわけぎと、貝やまぐろを合わせて、からし酢みそで和えた、ぬたの和え衣です。和え衣の様子が沼や田んぼのように見えることから、沼田がぬたになりましたとか。

ぬたの和え衣は、まず練りみそを作るところから始まります。

小鍋に白みそと砂糖を入れてよく混ぜ、みりんを2〜3回に分けて入れながら、木じゃくしでよく混ぜて、弱火でゆっくりと練ります。鍋底に木じゃくしを手前に引いたとき、スーッと道ができたら、ちょうどよい頃です。この練りみそは、密閉容器に入れて冷蔵庫で保存できますので、作っておくと便利です。

練りみそに溶きがらしと酢を適量加えたものが、ぬたの和え衣。ほんのりした酸味と、からしの風味が、春にぴったりです。

わけぎは必ず2、3本ずつゆでます。決してゆですぎないことです。さっとゆでて、ざるに上げて、うちわであおいで冷まします。水に取ると水っぽくなります。水にとらないことを「生《き》あげ」と言いますが、これはわけぎをゆでるときの鉄則です。

そしてまな板に根元を左にして置き、包丁でしごくようにし、ぬめりを取ります。そのとき、ポンッと音を立てて空気が葉先から抜けるので、「鉄砲和え」などという言葉もあります。

春が深まると、筍とうどの木の芽和えも喜ばれます。

筍と木の芽は同じ頃に旬を迎える出会いもの。山椒の芽をすり鉢ですり、白みそやお砂糖、お酒を加えて、さらによくすって。山椒の香りとともに、鮮やかな緑色も、気分をすがすがしくしてくれます。

＊

夏は見た目も食感も「いと涼しげに」

暑い季節は、見た目も涼しく、食べてなお涼しいものが食べたくなります。たとえばのどごしがなめらかな冷奴《ひややっこ》や、キリリと冷えたおそうめん。食欲がないときにも、これなら箸が進みます。

おそうめんは、ゆで上がったらすぐにざるに取り、冷水をかけて粗熱を取ります。その後、流水でジャブジャブ洗い、水が澄んだら氷水に取り、麺をきゅっと引き締めます。

おそうめんだけだと栄養が偏るので、錦糸卵《きんしたまご》や干し椎茸の煮たもの、薄く切って塩もみしたきゅうりなどの具と、みょうがやしょうがなどの薬味をたっぷり用意して。お客さまにお出しする場合は、ゆでたエビなどがあると色合いがきれいです。

麺つゆは既製品を買ってこなくても、だし汁とみりん、薄口しょうゆを4：1：1

で合わせたら、おいしくでき、冷蔵庫で1週間くらいは持ちます。

なすやかぼちゃ、トマトなど、夏野菜を使ったお料理も、夏には欠かせません。かぼちゃを煮る際は、おだしは使いません。おだしで煮るとうまみが強くなりすぎて、さっぱりした味わいにならないのです。ですから、お水と調味料だけで煮るようにします。

一口大に切ったかぼちゃは、皮目を少し残して、ワタのところは必ず落とすようにします。ワタが残っていると、煮たときにドロドロになってしまいます。そして煮る前に、いったん水に放つのがコツ。

かぼちゃに限らず、じゃがいもやさといもなどでんぷんを含んだものは、水に放つことでアクが抜けるだけではなく、余分なでんぷんが出ていくので、すっきりと煮えます。

また、野菜をゆでるときは、大根、にんじん、じゃがいも、ごぼう、かぼちゃなどの根菜は水から、地上に育つ葉ものは熱湯から、と覚えておくと便利ですよ。

収穫の秋には「実りのもの」を

秋は実りの季節。いも類やきのこ、ぎんなんなどの木の実を、ぜひお料理に取り入れてください。

子育てしていた頃、よく作ったのが、もち米にきのこやぎんなん、豚肉を入れたちまき。当時はきのこの種類が少なかったので、しめじと干し椎茸くらいしか入れませんでしたが、最近はエリンギなども加えるようにしています。

おみそ汁も、なめこやしめじとお豆腐を合わせたものなど、きのこが恋しくなります。

秋になると、さといもも旬を迎えます。さといもはそれだけで煮てもおいしいですし、柚子みそ煮にしたり、筑前煮《ちくぜんに》、豚のバラ肉やイカと煮るなど、さまざまな料理で活躍します。お正月のお煮しめにも欠かせません。

さといもには、天と地があります。天というのは、お芋の上のほうのやわらかい部分。地は、親芋にくっついているほうで、天より硬めです。

さといもは、よく洗ったらおふきんで拭きます。すると、中から出ようとしてくるぬめりがおさまり、表面もきれいに乾きます。

洗いっぱなしで濡れたままにしておくと、水ぶくれしてしまい、料理の仕上がりにも影響します。

次に天地を落とし、地を下にしてまな板に並べ、順次、包丁を入れます。ここで大事なのは「地を下にして並べておく」こと。皮をむく際、下から上にむきあげると、きれいな亀甲《きっこう》になり、盛りつけた際の美しさが違います。

ところが天地を落とした後、ごろごろっと転がしておいたら、どちらが天か地かわからなくなってしまいます。こういうところが、「手際」であり「段取り」なのです。

ですから私は、生徒さんや助手さんたちにこう言います。

「あなたたち、並べてごらんなさい。『さぁ、お料理してちょうだい』と言っているみたいに、かわいらしいわよ」

私は、筑前煮を作るときは、さといもは三度ゆでこぼします。すると余計なぬめりがなくなり、仕上がりがきれいになります。

ところで筑前煮は、なぜ筑前煮と呼ばれるかご存知ですか？　なんでも筑前の黒田藩では、戦陣料理として鶏肉や野菜を煮たものを取り入れていたとか。江戸時代になると赤鶏を輸入して養鶏を奨励し、この料理をよく作るようになったそうです。

おもしろいのは、ご当地では「筑前煮」とは呼ばず、「がめ煮」と呼ぶそうです。筑前以外の地方の人たちが、あれは筑前の料理だということで、「筑前煮」と呼ぶようになったのでしょう。

そんなことも、お教室でちょっとお話ししたりしております。

冬は温かいもので身も心も温めて

冬はやはり、鍋ものや汁ものなど、湯気が立つ温かいお料理がうれしいですね。味つけも、夏よりも濃厚な味がおいしく感じられます。

冬にいただきたくなる汁ものといえば、みそ仕立ての豚汁。汁ものですが、豚肉、大根、にんじん、ごぼう、こんにゃくなど具がたくさん入っているので、おかずとして数えてもいいくらいです。

根菜類は身体を温める働きがあるので、冬はぜひ積極的に食べたい食材です。

ごぼうは、たわしでよくこすって斜め切りにし、お酢を1〜2滴入れたお水にさらします。ただ、長時間さらしすぎると、酢の味がごぼうに染み込んでしまいますし、ごぼうの風味が抜けて、アクも戻ってしまいます。

お水の色が変わったらすぐに洗い、水を切ることも肝要です。

大根もにんじんも、皮をむいて、いちょう切りにしたら、さっと水に放してすぐにざるに上げます。切ってからいったん水に放つと、仕上がりがすっきりします。

こうしたちょっとした下ごしらえが、料理の出来栄えの違いにつながります。

ぶりも、冬においしくなるお魚です。照り焼きや塩焼きもいいですが、薄めのおだしでさっと煮たものも、おすすめです。

お魚の煮ものは、盛りつけのとき、何かちょっとした「前盛り」を添えましょう。ぶりなら、ねぎを細切りにして、サッと煮汁にひたしたものなどがいいと思います。そして「天盛り」として、しょうがの薄切りを載せるのを、お忘れなく。

とくに野菜では、大根が甘みとコクを増す季節。冬はきめも細かくなり、食感もいいのです。大根はよく味を吸ってくれるので、イカと煮たり、ぶりのアラと「ぶり大根」にしたり。もちろん、おでんや豚汁でも活躍します。

私は、白菜は野菜の女王さま、大根は王さま格と思っております。冬にはぜひ、大根を常備してください。

＊普段の食事は一汁二菜で充分

以前は、和食の基本は「一汁三菜」と言われたものです。「汁」は汁もの、「菜」はおかずですから、おかずが三品、おつゆが一品ということです。

三菜には決まりごとがあり、煮もの、焼きもの、和えものの3種をさします。

でも忙しい現代の生活のなかで、毎回おかずを3品作るのは大変です。

ですから私は、一汁二菜でもかまわない、そのかわり、おつゆを具だくさんにするなどして、栄養のバランスを考えればいいと思っています。そしてできれば、季節感を取り入れていただきたいですね。

おかずは、メインとして煮ものか焼きもの、揚げものを一品、そこに和えものなどの副菜を添えて。忙しいときは、副菜は当座煮など作り置きのものでもかまいませんし、サラダなどでもかまわないと思います。

おつゆは「お椀」とも言いますが、最近は「お椀」について、よく知らない人が増えています。

お椀は、おみそを使った「みそ椀」、つまりおみそ汁と、「お吸いもの」の2種類があります。私の実家では、朝はおみそ汁、夜はお吸いものでした。

お吸いものは、主役となる「椀だね」、脇役の「椀づま」、香りや風味を添える「吸い口」の3つで季節感を出します。

椀だねは、白身魚や貝。春は桜鯛やさより、はまぐり、夏はキスやスズキ、鱧《はも》、秋から冬にかけては鱈などがおいしくなります。

椀づまは、季節のお野菜を。吸い口は、春〜初夏は木の芽や針しょうが、夏はみょうが、秋〜冬はへぎ柚子が活躍します。

おみそ汁は、いわば普段着のお椀。お客さまのおもてなしの際には、お吸いものも喜ばれるので、ぜひ覚えておいていただきたいと思います。

たかがおみそ汁、されどおみそ汁

たかがおみそ汁、されどおみそ汁。私が作ると、助手さんたちが「おいしい」「ほかの人が作ったのとは違う」と言います。

なぜおいしいかというと、まず、おだしがおいしいから。そして、おみそを入れたら、ぐらぐら煮立たせないことです。

家族が座ったとたんに煮えばなをパッと出すには、みんなの動きを見ている必要があります。そのうえで、おみそ汁の具の煮え加減も考え、タイミングを見計らって、おみそを溶きます。

そのためには神経を張り巡らせ、頭のなかでいろいろなことを計算し、ここぞという瞬間を捕まえる必要があります。

それをタイミングなどおかまいなしにぐらぐら煮て、煮えすぎたらお水を足して、というのでは、おいしくなるはずがありません。

遅く帰る人のためには、おみそを入れる前に、取り置きしておくとよろしいと思います。お顔を見てから、おみそを入れて、煮えばなを出すことは、何にもまさるごちそうになります。

わかめのおみそ汁も、鍋にわかめを入れて煮てしまうと歯ごたえが悪くなるので、湯通ししたわかめをあらかじめお椀に入れておき、そこに汁を張るようにします。

そのほうが風味も歯ごたえもよく、おいしく仕上がります。


母の味で忘れられないのが、牛肉とごぼうのささがきと絹ごし豆腐のおみそ汁。父が晩酌の合間に、それを飲みたい、と言うのです。

牛肉と合わせるときは、母はささがきごぼうを長くしていました。最後にごぼうをふわっと入れると、牛肉と実によく合うのです。

不思議なことに、短いささがきごぼうだと、食感といい見た目といい、なんとなく合わない。こういう知恵は、ぜひ伝えていきたいと思っております。

本当の「おいしい料理」とは

おいしいお料理とは、お味だけをさしているわけではありません。見た目に美しく、季節を感じさせ、心をこめて丁寧に作っていることが伝わる料理。それが、本当の「おいしい料理」だと思います。

季節感を大事にする和食に欠かせないのが、脇役の「天盛り」や「前盛り」、「吸い口」などです。こうした脇役は、香りや味で料理を引き立てるとともに、見た目の美しさにも一役買ってくれます。

「天盛り」は、和えものや煮ものの最後に載せる、香りものの飾りのことです。これがあることで、「まだ、どなたも箸をつけていませんよ」という証《あか》しにもなります。

天盛りや吸い口に使うのは、まだ色の浅い若い山椒の葉の「木の芽」や、柚子、針しょうがなど。季節のものがない端境期には、白髪ねぎや粉山椒、針海苔などを使います。

天盛りや吸い口に木の芽を使う際は、片方の手のひらに載せ、もう片方の手でポンと軽く叩いて使います。すると、いっそう香りがよくなります。くれぐれも圧を加えすぎないようにしてくださいね。


また、吸いもののお椀を出されたときには、すぐに蓋を取るようにしましょう。あつあつのときに蓋を取り、ふわっと立ち上る湯気とともに香りを楽しむのが、お椀の醍醐味《だいごみ》。冷めるまでほうっておくようでは、作った方のせっかくの心遣いを無にしてしまいます。

運ばれたらすぐに蓋を開けて味わうのも、食べる側のマナーです。

なお、「いただきます」をしたら、まず手に取るのは器で、お箸ではありません。お箸を手に持って「いただきます」をする方もいますが、それもマナー違反です。まず、器を両手で取った後、片手のひらに器をのせてから、お箸を取るようにしてくださいね。

簡単なようで難しい野菜の上手なゆで方

ほうれん草、春菊、小松菜、根三つ葉、芹《せり》、水菜……日本には、ずいぶんいろいろな葉ものがあります。地方によって独特の青菜もありますし、最近はさらに種類も増えているのではないでしょうか。

青菜はゆでてから調理をすることが多いのですが、どうもゆで方がぞんざいな人が多いような気がします。あまりにもシンプルなことなので、かえって、きちんとゆで方を教わる機会がなかったのかもしれません。

そこでざっと、おいしいゆで方をおさらいしてみましょう。

まず、お鍋にたっぷりのお水を入れて、火にかけます。青菜を洗うより先に、お湯を沸かし始めるのが、段取りというものです。

青菜は冷たい水をボウルに満たして、そのなかでザブザブ洗ってゴミや土を落とします。その後、流水の下ですすいで、ざるに上げて水気を切ります。

お湯がぐらぐら煮立ったら、塩をひとつまみ落とし、青菜を入れます。ただし、いっぺんに1束分すべてを入れないように。一度に入れるとお湯の温度が下がってしまい、張りのない、ベタッとした食感になってしまいます。

鍋の大きさにもよりますが、小ぶりな鍋でしたら、1株か2株ずつを根元のほうから入れ、今度はサッと向きを変えて裏返しにし、冷たい水に入れます。サッと入れて、サッと返して、サッと取り出す。これが大事です。

熱い青菜を水に入れると、次第にぬるくなってしまいます。そのままにしておくと、青菜の色が鮮やかにならないし、おいしくありません。ですから冷水はたっぷりと。もしぬるくなったら、すぐに水を取り換えましょう。もちろん、流水が何よりも理想的です。

冷えたら水気をよく絞ります。水のなかで振りながら青菜をそろえると、きれいに水切りができますよ。

「おひたし」は手間をかけるとひと味違う

最近の方は、サラダはよく食べるし、作りもするけれど、おひたしはあまり作らないようです。でもおひたしは、ゆでるから、かさが減る分、野菜をたくさん食べることができます。

一方、サラダはかさばるので、見た目が多いわりに、思ったほど野菜を多くはとれません。

もちろん、サラダがダメというわけではありません。お肉料理やパンにはよく合うし、洋風のお料理のつけあわせにも向いています。

ただ、いつもいつもサラダではなく、和食ならではの野菜の食べ方も覚えていただきたいと思います。

おひたしと言うと、ゆでた青菜に、削り節とおしょうゆをかけて食べるものと思っている方も多いようですね。もちろん、それでも充分おいしいのですが、「おひたし」という言葉通り、味つけしたおだしにひたしておくのが、本来のおひたしです。基本の味つけは、おだし1カップに、酒大さじ2分の1杯、薄口しょうゆ大さじ2分の1杯、塩少々。これに、食べやすい大きさに切った青菜をひたし、冷蔵庫で30分ほど冷やします。

器に盛ったら、糸がき（糸のように細く削ったかつお節）をたっぷりと載せて。ひと手間かかりますが、かつお節とおしょうゆをかけただけのものとは、ひと味違います。

普段はおしょうゆだけでもかまいませんが、お客さまが見えるときなど、ちょっと試してみてください。

さらに上級者用となりますが、おだしと調味料をあわせて、ひと煮立ちさせてから、ゆでた青菜をひたして冷ましますと、さらにおいしくなります。

丁寧さと手省きを使い分ける

お料理は丁寧に作るにこしたことはありませんが、そうそういつも丁寧にはやっていられないでしょう。ときには手省きをして、時間の短縮を優先させていいと思います。丁寧に作るときと、急ぐとき。その両方があっていいのではないでしょうか。

生徒さんたちも、急がなくてはならないときなどは、ちょっと手抜きも必要だと思います。でも、「手を抜いても悟られないようにしなさいね」と言っています。

ただし、丁寧を知らない、というのは困ります。たとえば最近はにんじんやじゃがいもなどの皮むきは、ピーラーを使うという方が増えているようです。

確かに手早く皮がむけて、とても便利な道具だと思います。しかしピーラーでむくと、どうしてもちょっとした角ができます。

たとえばお正月のおせち料理の「日の出にんじん」や、お雑煮のにんじんは、きれいな丸だから美しいのです。ピーラーでむいたにんじんをただ輪切りにしただけでは、美しい丸にはなりません。

日の出にんじんを作る際は、厚めの輪切りにして包丁で皮をむき、水に放ちます。こうすると、きれいな丸になります。

同じにんじんでも、乱切りにして筑前煮に入れる場合などは、転がしながら切っていくので、少々でこぼこしていても問題ありません。

そもそも乱切りは、味を染みやすくするために面を多くするのが目的。ですから、乱切りのときはピーラーを使うと、手間が省けます。

いつもいつも、時間をかけて丁寧に料理をするのは、今の時代、難しいと思います。ちょっと手をかけて美しさを優先するか。手省きをして便利さと効率を優先させるか。ケースバイケースで使い分けるのが、賢い知恵。

どちらか片方ではなく、両方を知っておくと、お料理があまり苦でなくなると思います。

＊食べられるところを捨てないで

今、にんじんの皮むきを例に出しましたが、野菜の皮を捨ててしまうのはもったいないと思います。野菜の皮は高い栄養価を含んでいるものも多いですし、生ごみを減らす観点からも、工夫してなるべく皮も使いたいものです。

たとえば大根。ふろふき大根やおでんに入れて煮る場合も、大根おろしを作る際も、皮をむくのが基本です。大根1本、皮をむいたら、かなりの量になります。

それを助手さんたちが捨てようとすると、

「ちょっと待って！　そういうものは捨てられないわよ」

と声をかけます。

大根の皮はさっとせん切りにして、ザルに入れて風干ししておきます。すると余分な水分が抜けて、うまみが凝縮されます。あえて名前をつけるなら、生干し大根とでも言えばいいでしょうか。

これを晩ご飯のとき、ごま油で炒めてちょっとおしょうゆを垂らしただけで、おいしい一品ができあがります。そのちょっとした手間を、惜しまないでいただきたいのです。

大根は葉もおいしいですし、何よりビタミンの宝庫。捨てる手はありません。葉つきの大根を買ったら、葉のやわらかいところをさっとゆでて、きざんでごま油で炒めておしょうゆを垂らしたら、ご飯のおともにぴったりです。ゆでてきざんだ葉を、炊きたてのご飯と混ぜた菜飯《なめし》もおいしいですし、おみそ汁や煮ものの青みとしても重宝します。

にんじんや大根、かぶなどの皮を適当な大きさに切り、昆布と甘酢と一緒に漬けておく和風ピクルスもおすすめです。焼きものの前盛りとしても使えますし、ちょっとした箸休めの副菜にもなります。ぜひ、試してくださいませ。

＊乾物は忙しい主婦のお助け食材

乾物は水に戻す手間がかかるので、面倒であまり使わない……最近、そんな声をよく聞きます。

乾物は面倒くさいと思っている方もいるかもしれませんが、実際は、その逆。乾物を常備していれば、買い物に行く時間がない忙しいときにも、なんとかなります。

むしろ時間に追われる主婦の味方になってくれる、お助け素材です。

しかも干し椎茸にしろ、切干大根にしろ、生のときよりうまみが強い場合が多いので、シンプルな料理でもおいしいのです。おまけに生の状態より栄養が豊富なものも多いのですから、使わない手はありません。

ですから私は、乾物のよさを、もっと見直してもらいたいなと思っております。

切干大根は油揚げと煮てもおいしいですが、もっと簡単にすませたいときは、ただ水に戻して水気を絞り、甘酢をかけて酢のものにするだけでも充分おいしくいただけます。そのときちょっと青味があると、見た目もぜんぜん違います。

母は、小松菜やほうれん草のおひたしを作るためにゆでると、2株くらいとっておき、次の朝、切干大根の酢の物にパッと散らしていました。

すると目に鮮やかで、お料理の見栄えがぜんぜん違います。それが料理の才覚です。

切干大根は長く保存していると、だんだん色が茶色くなりますが、水に戻してお湯を通したら、きれいになります。

かんぴょうも、太巻きに使うだけではなく、水で戻すと、おみそ汁の具にもなります。

以前、助手さんだった方が栃木に嫁ぎ、毎年きれいなかんぴょうを送ってくれます。せっかくいただいているので、かんぴょうと油揚げ、にんじん、ごぼうを入れた炊き込みご飯を栃木の古い呼称にちなんで「下野《しもつけ》ご飯」と名づけ、よく作っております。

栄養たっぷりの海藻で髪も豊かに

「ばぁばはいくつになっても髪が豊かですね」と、よく言われます。もうすっかり白髪ですが、今でもけっこう量がありますし、歳のわりにはこしがあり、しっかりしています。これも小さい頃から海藻をたっぷり食べていたおかげかもしれません。

昆布は、縄文時代から食べられていたと聞いたことがあります。また海苔を分解する腸内細菌は、日本人しか持っていないそうです。

なんでも私たちの祖先は生の海藻を食べていたので、海藻に棲《す》んでおり海藻を分解する酵素を持つ海洋性バクテリアを、いつの間にか体内に取り込んできたとか。

長い年月をかけて育まれた食文化は、やはりその土地で暮らす人の体質に合っているのですね。

昆布やわかめ、ひじき、海苔などの海藻類は、乾物として保存できるので、とても便利です。うちでも昆布やわかめは常備しており、よく食卓に登場します。

私が生まれ育った青森県八戸では、三陸産のすき昆布をよく食べていました。すき昆布は、さっと煮ると、とてもおいしいのです。鱈と合わせて椀づまなどにもします。軽くて便利なので、ハワイに住んでいるひ孫たちに送る小包にも、すき昆布をよく入れます。油揚げは現地で手に入るそうで、油揚げと一緒に食べているそうです。

おだしを取るための上等な昆布はお高いですが、ちょっとお安い駄昆布もあります。幅が狭くてさっと煮える早煮昆布も、そうお高くないし、重宝します。

そういえば子育てをしている頃、湯豆腐に昆布を入れておくと、息子と娘たちが最後にそれを引き上げて、こちらとあちらで引っ張りっこをして裂いて食べていました。子ども心に、昆布はおいしいと感じていたのでしょう。

わかめは、鳴門《なると》から乾燥したものを取り寄せています。水に戻すと10倍くらいになり、長くて太い筋から、のれんのようにわかめが広がっています。この筋の部分を捨てる方も多いようですが、もったいないので、うちでは食べることにしています。

筋を上手に切り分けるには、わかめの両端を持って畳んでゆき、5㎝ほどの幅になったところで、筋だけ包丁でザックリと切ります。

ところが生徒さんにやらせると、長いまま切ろうとします。それでは手間もかかるし、やりにくいはず。畳んで切るのは、ちょっとした工夫であり、段取りです。

筋はおみそ汁に入れてもおいしいですが、酢じょうゆにも合います。

わかめを水に戻すときは、あまり時間を置きすぎると、せっかくの風味が流れ出てしまいます。ですから浸けっぱなしにはしないように。

頃合いが来たら水から引き上げて、2㎝くらいに切り、いったん湯通しします。お湯をかけた瞬間パッときれいな色になり、ふわっと海の風味が立ち上がり、それだけで、なんだかしあわせな気分になります。お湯からザルにあげたら、冷水をかけます。

湯通ししたわかめは、水を切って保存容器に入れておきます。朝の忙しいときにパッとサラダに入れてもいいし、おみそ汁に放せば手軽におみそ汁ができるので、とても便利ですよ。

おわりに

「鈴木登紀子　日本料理教室」を始めて、かれこれ半世紀の時間がたちました。

90を過ぎてまでお料理教室を続けているのは、なんとか日本の料理の伝統を伝えたいという一心からです。

これだけ繊細で美しく、しかもおいしい料理は、世界に冠たるものと思います。だからこそ和食は、ユネスコ無形文化遺産に登録されたのでしょう。

私のお教室では、会席料理と懐石料理との間を教えています。

会席料理とは、料亭などのお料理屋さんで出てくる豪華な日本料理のことで、作り手があらゆる贅《ぜい》を尽くしてお料理を並べたものです。

一方、懐石料理は、質素だけど器などに凝った、お茶席にちなんだお料理のこと。

禅宗の方からも、そのいわれについてお聞きしました。座禅を組んだとき、空腹でおなかの虫がぐうーっと鳴ることがあり、その空腹を補う意味で、温めた石、温石《おんじゃく》を懐に収めてしのいだということです。このように、ささやかなおもてなしとお茶席の作法がともなった料理なのです。

その間をとると、家庭の料理でも、美しく、品のいいものができるのです。

日本の料理の力とすばらしさを、ぜひともみなさまに知っていただきたいと、ばぁばは思っております。

最後に、もうひとこと。人間、長く生きていると、いろいろなことが起こります。私にとっては病気もそのひとつです。

そのたびに「どうしよう、どうしよう……」と落ち込むのではなく、「まあ、仕方ないわね」「なんとかなるでしょう」と思って、のんきに過ごす。あまり食べる気が起きないときでも、何とか手を動かして料理を作る。そして「おいしいわねぇ」と味わいながら、ご飯を食べる。それをくり返しているうちに、心配ごとも少しずつ頭から消えていくような気がしております。みなさんも、ぜひお試しを。

〈著者プロフィール〉
鈴木登紀子（すずき・ときこ）
日本料理研究家。1924年青森県八戸市生まれ。自宅で始めた料理教室をきっかけに、46歳のときに料理研究家としてデビュー。「ばぁば」の愛称で親しまれ、ユーモラスな口調が幅広い世代に人気。総菜から懐石料理まで豊富なレパートリーを持ち、上品な味つけと盛りつけの美しさに定評がある。40年以上にわたってNHK「きょうの料理」に出演するなど、テレビをはじめ新聞や雑誌などで広く活躍。

のんきに生きる
「ああ、おいしい」は生きがいになる

2017年5月10日　第1刷発行

著　者　鈴木登紀子
発行人　見城 徹
編集人　福島広司

GENTOSHA

発行所　株式会社 幻冬舎
〒151-0051 東京都渋谷区千駄ヶ谷4-9-7
電話　03(5411)6211(編集)
03(5411)6222(営業)
振替　00120-8-767643
印刷・製本所　中央精版印刷株式会社

検印廃止

ISBN978-4-344-03111-1　C0095
幻冬舎ホームページアドレス　http://www.gentosha.co.jp/

この本に関するご意見・ご感想をメールでお寄せいただく場合は、
comment@gentosha.co.jpまで。